Rebekah e eu somos amigas há muito tempo. Comemoramos juntas muitos bons momentos, e ela esteve comigo em situações difíceis. Uma coisa permaneceu constante: ela nunca me disse o que fazer; ela me lembrava de *quem eu sou*, me ajudava a recuperar o foco. É isso que Rebekah fez mais uma vez neste livro. Ela trouxe muita transparência e autenticidade para estas páginas, com a esperança de que você pare de deixar as distrações o impedirem de atingir seus objetivos. Você vai se conectar com o que ela tem a dizer.

BOB GOFF, autor de *O Amor Faz* e *Everybody Always*

O tempo gasto cuidando de sua saúde emocional, física, social e espiritual nunca é um desperdício. É uma prática necessária e que honra a Deus. Devemos parar e ponderar. Sou grato a amigos que, como Rebekah, nos lembram de que, para buscar o melhor de Deus, devemos primeiro buscar seus caminhos de renovação, onde almas cansadas encontram sabedoria, renovação e paz.

LYSA TERKEURST, autora best-seller nº 1 do *New York Times* e presidente do grupo ministerial Proverbs 31

Em *Ritmos de Renovação*, minha grande amiga e mentora Rebekah Lyons leva os leitores a uma jornada inspiradora, perspicaz e prática para alcançar paz e propósitos vivificantes. *Ritmos de Renovação* é adequado e muito necessário para a minha geração. É uma alegria recomendar este livro a todos!

SADIE ROBERTSON, autora, palestrante e fundadora do Live Original

Boa parte de nós sofre de algum aspecto de ansiedade ou estresse. Essas questões podem roubar nossa alegria, perturbar nossos relacionamentos e paralisar nossos sonhos. Rebekah Lyons criou uma abordagem para lidar bem com isso. E se você ou alguém que conhece luta contra a ansiedade e o estresse, encontrará respostas e esperanças que fazem sentido e funcionam. Altamente recomendado.

JOHN TOWNSEND, Ph.D., autor best-seller do *New York Times* com os livros *Limites* e *People Fuel*, e fundador do Instituto Townsend de Liderança e Aconselhamento

Amo como a fé e uma vida de bem-estar emocional estão conectadas. Rebekah Lyons nos traz o melhor de ambas em *Ritmos de Renovação* e apresenta ritmos práticos diários sobre como viver livremente.

CANDACE CAMERON BURE, atriz e autora

Nós, seres humanos, temos um memória curta. Em nossa pressa, esquecemos que fomos criados como seres rítmicos, refletindo nossa profunda conexão com toda a criação. Precisamos ser lembrados, e Rebekah Lyons faz exatamente isso. Em *Ritmos de Renovação*, ela chama nossa atenção gentilmente e com clareza para aquelas ações com as quais nosso envolvimento criará espaço e encontros consagrados, que Jesus tanto deseja usar para seu propósito formador em nossas vidas. Leia este livro e aprenda a florescer na harmonia de nosso Deus.

CURT THOMPSON, MD, psiquiatra, palestrante e autor de *The Soul of Shame* e *Anatomy of the Soul*

Relembrando um período pessoal em que não conseguia me permitir descansar para prosperar, não posso expressar com intensidade suficiente o valor no formato dinâmico do DESCANSO e os ritmos que minha amiga Rebekah compartilha conosco neste livro, fornecendo um refúgio para restaurar e revitalizar as paixões e presentes que Deus nos deu para usar em Sua glória.

ELISABETH HASSELBECK, autora de *Point of View: A Fresh Look at Work, Faith, and Freedom*

Como estudante do ensino médio, vejo o impacto que a ansiedade, a depressão e o estresse estão causando em meus amigos e na comunidade. Amo como Rebekah Lyons se baseia em suas próprias batalhas e depois nos incentiva a lutar diariamente por ritmos de alegria e descanso. Esta é uma leitura obrigatória para todos, especialmente para garotas jovens!

ALENA PITTS

Rebekah Lyons nos deu um grande presente. Raramente um livro combina tão bem uma visão envolvente, ideias teológicas e uma visão de fé prática. Este livro atinge um profundo desejo que todos temos por uma vida mais bonita e sustentável, vivida na profundidade e altura que Deus realmente oferece. Você encontrará descanso para sua alma e força para seu coração aqui.

JON TYSON, Igreja da Cidade, Nova York, autor de *The Burden is Light*

Muitos de nós passam pela vida sem lidar com o estresse e a ansiedade que a inquietude causa. Em *Ritmos de Renovação*, Rebekah explora as práticas que renovam e aperfeiçoam nossas almas. Leia e reconquiste a vida que Deus tem para você!

LISA BEVERE, autora best-seller do *New York Times* e cofundadora do grupo Messenger International

Lembro-me de estar em uma pequena reunião de líderes na primeira vez que ouvi Rebekah falar sobre os ritmos da renovação. Ela ainda não havia escrito um livro, era simplesmente o que Deus estava ensinando a ela. Eu estava anotando o mais rápido possível e fiquei profundamente impactado com o que ela compartilhou naquele dia. A mensagem do ritmo era ao mesmo tempo inspiradora, convincente, desafiadora e acessível. *Ritmos de Renovação* é uma mensagem que devemos ouvir e abraçar mais do que nunca.

BANNING LIEBSCHER, pastor, fundador do ministério Jesus Culture e autor de *Enraizado: os lugares escondidos onde Deus desenvolve você*

RITMOS *de* RENOVAÇÃO

OUTROS LIVROS DE REBEKAH LYONS

Freefall to Fly

You Are Free

REBEKAH LYONS

RITMOS de RENOVAÇÃO

Trocando o Estresse e a Ansiedade por uma Vida de Paz e Propósito

Rio de Janeiro, 2020

Ritmos de Renovação
Copyright © 2020 da Starlin Alta Editora e Consultoria Eireli. ISBN: 978-85-508-1497-1

Translated from original Rhythms of Renewal. Copyright © 2019 by Rebekah Lyons. ISBN 978-0-310-35614-1. This translation is published and sold by permission of Zondervan, the owner of all rights to publish and sell the same. PORTUGUESE language edition published by Starlin Alta Editora e Consultoria Eireli, Copyright © 2020 by Starlin Alta Editora e Consultoria Eireli.

Todos os direitos estão reservados e protegidos por Lei. Nenhuma parte deste livro, sem autorização prévia por escrito da editora, poderá ser reproduzida ou transmitida. A violação dos Direitos Autorais é crime estabelecido na Lei nº 9.610/98 e com punição de acordo com o artigo 184 do Código Penal.

A editora não se responsabiliza pelo conteúdo da obra, formulada exclusivamente pelo(s) autor(es).

Marcas Registradas: Todos os termos mencionados e reconhecidos como Marca Registrada e/ou Comercial são de responsabilidade de seus proprietários. A editora informa não estar associada a nenhum produto e/ou fornecedor apresentado no livro.

Impresso no Brasil — 1ª Edição, 2020 — Edição revisada conforme o Acordo Ortográfico da Língua Portuguesa de 2009.

Produção Editorial Editora Alta Books	**Produtor Editorial** Illysabelle Trajano Juliana de Oliveira Thiê Alves	**Marketing Editorial** Livia Carvalho Gabriela Carvalho marketing@altabooks.com.br	**Editor de Aquisição** José Rugeri j.rugeri@altabooks.com.br
Gerência Editorial Anderson Vieira			
Gerência Comercial Daniele Fonseca	**Assistente Editorial** Maria de Lourdes Borges	**Coordenação de Eventos** Viviane Paiva comercial@altabooks.com.brw	
Equipe Editorial Ian Verçosa Luana Goulart Raquel Porto Rodrigo Dutra Thales Silva	**Equipe de Design** Larissa Lima Marcelli Ferreira Paulo Gomes	**Equipe Comercial** Daiana Costa Daniel Leal Kaique Luiz Tairone Oliveira Vanessa Leite	
Tradução Melissa Medeiros	**Copidesque** Carolina Gaio	**Revisão Gramatical** Gabriella Araújo Samuri Prezzi	**Diagramação** Lucia Quaresma

Publique seu livro com a Alta Books. Para mais informações envie um e-mail para autoria@altabooks.com.br

Obra disponível para venda corporativa e/ou personalizada. Para mais informações, fale com projetos@altabooks.com.br

Erratas e arquivos de apoio: No site da editora relatamos, com a devida correção, qualquer erro encontrado em nossos livros, bem como disponibilizamos arquivos de apoio se aplicáveis à obra em questão.
Acesse o site **www.altabooks.com.br** e procure pelo título do livro desejado para ter acesso às erratas, aos arquivos de apoio e/ou a outros conteúdos aplicáveis à obra.

Suporte Técnico: A obra é comercializada na forma em que está, sem direito a suporte técnico ou orientação pessoal/exclusiva ao leitor.

A editora não se responsabiliza pela manutenção, atualização e idioma dos sites referidos pelos autores nesta obra.

Ouvidoria: ouvidoria@altabooks.com.br

Dados Internacionais de Catalogação na Publicação (CIP) de acordo com ISBD

L991r   Lyons, Rebekah
Ritmos de Renovação: Trocando o Estresse e a Ansiedade por uma Vida de Paz e Propósito / Rebekah Lyons ; traduzido por Melissa Medeiros. - Rio de Janeiro : Alta Books, 2020.
304 p. ; 14cm x 21cm.

ISBN: 978-85-508-1497-1

1. Autoajuda. 2. Renovação. 3. Estresse. 4. Ansiedade. 5. Paz. 6. Propósito. I. Medeiros, Melissa. II. Título.

2020-2148
CDD 158.1
CDU 159.947

Elaborado por Vagner Rodolfo da Silva - CRB-8/9410

ALTA BOOKS
EDITORA

Rua Viúva Cláudio, 291 — Bairro Industrial do Jacaré
CEP: 20.970-031 — Rio de Janeiro (RJ)
Tels.: (21) 3278-8069 / 3278-8419
www.altabooks.com.br — altabooks@altabooks.com.br
www.facebook.com/altabooks — www.instagram.com/altabooks

PARA GABE, MEU MARIDO
HÁ 22 ANOS.
VOCÊ ME AJUDOU A VIVER ESTES RITMOS
E LUTOU POR ESTAS PALAVRAS DESDE O INÍCIO.
PARA VOCÊ, TODO MEU AMOR.

*Mostra-me, Senhor, os teus caminhos,
ensina-me as tuas veredas;
guia-me com a tua verdade e ensina-me,
pois tu és Deus, meu Salvador,
e a minha esperança está
em ti o tempo todo.*

SALMOS 25:4–5

SUMÁRIO

INTRODUÇÃO *Quando as Portas Não Se Abrem* 1

DESCANSO

1. **Faça um Inventário** *Reflexão e Diário* 13
2. **Desintoxicação Tecnológica** *Silencie o Barulho* 23
3. **Fique em Silêncio**
   Crie Espaço e Escute 31
4. **Trabalhe seu Coração**
   Examine e Confesse 39
5. **Contando Carneirinhos** *Rotina para um Sono Profundo* 47
6. **Rotina Matinal** *Café, Velas e uma Caneta* 55
7. **Dê uma Pausa no Trabalho** *Pratique o Sabá* 63

RESTAURAÇÃO

8. **Permissão para Se Divertir** *Renunciando o Controle* 77
9. **Coma de Forma Inteligente** *Comida para o Cérebro* 87
10. **Conheça Sua Identidade** *Rótulos Não O Definem* 97
11. **Faça uma Caminhada** *Afaste a Névoa Mental* 107
12. **Procure Aventuras** *Faça uma Viagem* 117
13. **Transpire** *Vista Suas Calças de Malhar* 127
14. **Esforce-se** *Saia da Sua Zona de Conforto* 137

CONEXÃO

15. Seja o Amigo que Você Gostaria de Ter
    Inicie uma Amizade — 147
16. Seja Vulnerável *Juntos Somos Melhores* — 157
17. Política das Portas Abertas *Festa Americana no Melhor Estilo* — 167
18. Levem os Fardos uns dos Outros *Carreguem as Cargas* — 177
19. Abraços em Todo Lugar *O Poder do Contato Físico* — 185
20. Retiro Matrimonial *Ame Seu Companheiro* — 195
21. Seja o Primeiro a Pedir Perdão *O Tempo É Curto* — 205

CRIAÇÃO

22. Volte a Sonhar *A Estrada para o Sentido* — 215
23. Recupere Sua Paixão *Arranque as Ervas Daninhas* — 225
24. Faça um Trabalho Artesanal *Um Molde e um Plano* — 233
25. Aprenda Algo Novo *Faça uma Aula* — 241
26. Crie Memórias *Jogos Imaginativos* — 249
27. Cuide de Algo *Seja Responsável* — 257
28. Diga Sim *Arrisque-se* — 267

Conclusão *Você Foi Feito para Isso* — 277

Agradecimentos — 283

Notas — 285

QUANDO AS PORTAS NÃO SE ABREM

INTRODUÇÃO

INTRODUÇÃO

QUANDO AS PORTAS NÃO SE ABREM

Em uma luminosa tarde de sábado em outubro, o pânico voltou. Eu estava no alto da costa norte da Califórnia, perto da pacata cidade de Carmel, participando de uma reunião de jovens casais, velhos amigos e alguns novos conhecidos. Nos reuníamos para um descanso muito necessário, a fim de reorientar nossos corações e mentes para a próxima temporada. Naquela tarde, o grupo tomou uma decisão coletiva: nos separaríamos para passar um tempinho livre, passeando pela pitoresca vila de Carmel-by-the-Sea, e saborearíamos um café com leite, bolos ou sorvete. Poderíamos ir com calma. Relaxar.

A casa em que estávamos não era nada comum, mas sim a *Magnus Opus* de 100 anos, do arquiteto Charles S. Greene. Ele a chamava de Seaward, que significa "em direção ao mar", um nome que captura bem o ambiente. Uma biblioteca repleta de clássicos antigos e uma janela palladiana davam para a praia rochosa. Eu precisava de um momento em frente àquela janela, uma pausa antes de me juntar ao grupo para nossa recarga de cafeína e açúcar. Eu disse ao meu marido, Gabe, que seguisse em frente com nossos amigos, e eu chegaria 30 minutos depois, após algumas reflexões naquele belo cenário.

Nem cinco minutos depois que meus amigos foram embora, fui ao banheiro. Como todas as outras partes da estrutura, até o pequeno banheiro parecia esculpido à mão. Era um espaço apertado. Confinado. Mas eu não pensei duas vezes, entrei e tranquei a porta atrás de mim.

Olhando para o meu telefone, vi que a bateria estava acabando muito rápido, e ele acabou desligando em 45%. *IPhone velho e maluco.* Eu relutava em comprar outro por causa das despesas, mas não podia mais ignorar que a bateria abaixava mais de 50% em apenas uma hora. Fiz uma anotação mental para comprar outro quando a viagem terminasse, levantei-me, dei descarga e virei a tranca e a maçaneta da porta secular. A trava não cedeu. Virei de novo e de novo e de novo. E então, usando as duas mãos, virei com toda a minha força. Nada. Eu virei a maçaneta de um lado para o outro. Esperei o clique do mecanismo interno liberar, mas nada aconteceu.

Uma casa de 100 anos nas falésias do Pacífico. Trancada em um espaço de meio metro por um metro. Paredes de cimento com 25 centímetros de espessura por toda parte. Uma porta pesada de madeira, com 100 anos de idade. Sozinha pelas próximas horas. Celular sem bateria.

As paredes começaram a se fechar, tirando meu fôlego. Em 15 segundos, meu corpo estava em convulsão. Eu estava presa. Ninguém para ligar. Nenhum lugar para ir, a não ser fazer pequenos círculos.

Racional ou não, eu não conseguia pensar na ideia de me sentar naquela câmara de cimento de um metro e meio por um metro até que alguém voltasse horas depois e me encontrasse batendo na porta e chorando. E foi aí que as perguntas vieram.

Por que isso era tão aterrorizante?

Eu não deveria estar melhor?

Eu não havia me recuperado desses ataques de pânico anos atrás?

Acho que a recaída tem uma maneira de reencontrar cada um de nós.

Durante toda a minha vida, fui resiliente e ultrapassei obstáculos. Sem dinheiro para terminar a faculdade? Arrumei dois empregos para cobrir a mensalidade e o aluguel. Sem dinheiro suficiente para comprar um carro? Eu me esforcei para ganhar crédito e me qualificar para um empréstimo. Nenhum fundo secreto para pagar um casamento? Esgotei dois anos de economia em um orçamento apertado, começando com um vestido de noiva de US$300. Não importa quais portas se fechassem para mim na vida, eu me recuperava com maneiras de abri-las. Não havia obstáculo que não pudesse ser superado com coragem e um pouco de trabalho duro.

UMA CASA DE 100 ANOS NAS MONTANHAS DO PACÍFICO.
PRESA EM UM ESPAÇO DE UM METRO E MEIO POR UM METRO.
PAREDES DE 25 CENTÍMETROS DE CIMENTO AO REDOR.
PORTA ANTIGA DE MADEIRA PESADA. SOZINHA PELAS
PRÓXIMAS HORAS. CELULAR SEM BATERIA.

Mas aqui estava uma porta que eu não conseguia abrir. Nenhuma quantidade de trabalho duro, conquista ou conversa interna poderia me tirar dessa prisão no banheiro, acima do nível do mar. Fui deixada comigo mesma, com minha fragilidade e com minha incapacidade de escapar. E isso me aterrorizava. E a verdade era que eu não estava com medo da pesada porta de madeira ou da fechadura antiga que não abria. Eu estava com medo de ficar presa, com medo de ficar sozinha e testemunhar a insensatez do meu corpo. Eu estava com medo de *mim*.

O que eu poderia fazer sob pressão? Mesmo que eu não estivesse em perigo, isso não importava, porque o maior causador de perigo estava escondido em minha mente. Eu pensei nas fases do pânico e do terror repetidamente, procurando qualquer maneira de escapar.

Então, eu olhei para cima.

No topo da parede, notei uma pequena janela em arco, com aproximadamente 50 centímetros de altura e 45 centímetros de largura. Puxei a trava antiga e, para minha surpresa, ela se abriu. Eu gritei com imensa descrença e lágrimas irromperam. *Poderia ser?* Se eu subisse na caixa do vaso sanitário, eu poderia empurrar meu corpo pela janela. Meus quadris passariam? Isso não importava. O resgate estava à vista e eu estava tentando.

Quando meu corpo já havia passado até a cintura, respirei profundamente, enchendo meus pulmões com ar frio e salgado. Ouvi as gaivotas grasnindo, as ondas do mar batendo, a natureza seguindo seu curso enquanto minha vida parecia estar saindo de controle. Continuei empurrando e apertando meus quadris e pernas, até cair nas rochas com vista para as ondas que quebravam abaixo. Eu pensei que meus músculos da coxa nunca parariam de tremer. Agachada ali em posição fetal, chorei. Tudo o que eu havia enfrentado seis anos antes — os ataques de pânico, a ansiedade insuportável, os colapsos — voltaram à tona, junto com toda a vergonha e fraqueza.

Eu lutei com ataques de pânico diariamente no ano após nossa família se mudar para Manhattan, principalmente quando me encontrava em espaços confinados, como aviões, trens ou grandes multidões. Os elevadores eram os piores. Na Bloomingdale's, fiquei no primeiro andar por 20 minutos esperando as condições perfeitas para entrar no elevador — pelo menos duas pessoas além de mim no elevador, mas não mais do que cinco. Quando essas condições foram finalmente satisfeitas, entrei e, quando as portas se fecharam, meu coração congelou. Fiquei parada, prendendo a respiração, punhos cerrados, até que as portas se abriram no nono andar. Não importa quantas vezes eu tivesse feito essa viagem, o pânico sempre era o mesmo.

→ INTRODUÇÃO | 5

Na noite de 20 de setembro de 2011, clamei a Deus por ajuda e ele me inundou de paz. Nos anos seguintes, viajei e falei sobre a libertação do pânico e até escrevi *You Are Free,* um livro sobre como se libertar da ansiedade. Por que ela havia voltado agora, sete anos depois?

Perguntei a Deus: "Sou uma fraude?" Como é que eu pude falar com tantas pessoas sobre a cura do transtorno do pânico, escrever um livro sobre isso, orar para que os outros encontrassem cura e me encontrar diante de um ataque de pânico mais grave do que qualquer outro que eu tenha experienciado na Bloomingdale's? Olhei fixamente para o outro lado do oceano, deixei o vento bater contra minhas bochechas molhadas de lágrimas, as perguntas ecoando em meus ouvidos. Eu sabia que Deus me via com compaixão e ternura, mas Ele não estava respondendo às minhas perguntas. Ainda não.

Enquanto meu batimento cardíaco diminuía até o ritmo de descanso, eu me recompus e fui me encontrar com meus amigos. Eu podia ouvir o resto do grupo rindo no quarteirão. Eles estavam envolvidos pela conversa, então me juntei com um aceno de cabeça. Ouvia o que eles diziam com um sorriso forçado, mas eu estava a milhares de quilômetros de distância. O resto do dia foi um borrão. Eu continuava me afastando para olhar o Pacífico, misterioso e vasto, como se Deus usasse sua obra para me dar uma resposta a todas essas novas perguntas.

Naquela noite, antes de dormir, tentei explicar a Gabe o que havia acontecido, mas nenhuma palavra parecia dar a dimensão do trauma daquela tarde. Quando ele rolou na cama e sua respiração constante diminuiu, olhei para o teto no escuro. Lágrimas caíram dos cantos dos meus olhos, acumulando em meus ouvidos. Perguntei novamente com um sussurro: *Como isso pode acontecer? Sete anos de ensino, cura e liberdade?* Será que a verdade havia sido roubada em um único incidente? Por que a vergonha e a solidão se instalavam em mim?

Em sua misericórdia, Deus gentilmente sussurrou uma resposta: *Você pode se concentrar no fato de que o medo apareceu ou pode se concentrar no fato de que Eu sempre darei uma maneira de escape.*

Lá estava o amor de Deus. E parecia a Escritura que eu havia decorado anos atrás: "Eu sempre darei uma maneira de escape [...] que você será capaz de suportar."[1]

VOCÊ PODE SE CONCENTRAR NO FATO DE QUE O MEDO APARECEU OU PODE SE CONCENTRAR NO FATO DE QUE EU SEMPRE DAREI UMA MANEIRA DE ESCAPE.

VOCÊ PRECISA DE RESGATE?

Você se viu preso no medo? Sentimentos de vergonha? Rejeição? Solidão? Depressão? Isolamento? Inquietação ou tédio? Se sim, saiba o seguinte: Deus abre um caminho de fuga. Não apenas isso, ele também promete uma vida de abundância — uma vida rica —, e não apenas de escape de ciclos negativos.

O resgate está pronto e esperando por nós, mas muitas vezes somos incapazes de ver uma maneira de escapar. Em vez de olhar para cima, mantemos a cabeça baixa, vivendo em círculos, imaginando por que nossas circunstâncias não mudam. Nós nos perdemos em nossos ciclos, repetimos os mesmos hábitos diversas vezes, esperando resultados diferentes. Insanidade? Eu acredito que sim.

O que você faz quando o estresse, a ansiedade, a fadiga ou o desânimo aparecem, quando palpitam nas costelas ou roubam a respiração?

→ INTRODUÇÃO | 7

Quando suas palavras disparam e você tenta desesperadamente encher os pulmões? O que você faz quando essa é a regra do seu cotidiano? O que você faz quando tem uma recaída? Quando o silêncio se instala, a distração desaparece e você enfrenta pânico, depressão ou esgotamento novamente? O que você faz quando fica ansioso depois de anos sem pânico, depois de viver em liberdade e com abundância?

Essas são as perguntas que muitos de nós fazemos hoje. De acordo com o Instituto Americano de Estresse (AIS), 77% da população experiencia sintomas físicos associados ao estresse regularmente, 33% relatam viver com estresse extremo e 48% dizem que o estresse tem um impacto negativo em seus relacionamentos pessoais e profissionais[2]. O AIS estima que o custo total para os empregadores com despesas com saúde relacionadas ao estresse e faltas laborais é de US$300 bilhões por ano[3]. Além disso, de acordo com a Aliança Nacional sobre Doenças Mentais dos Estados Unidos (NAMI), atualmente 18% dos adultos sofre de um transtorno de ansiedade e estima-se que cerca de 35% da população experiencie transtornos de ansiedade[4]. O NAMI também indica que quase 7% da população luta contra a depressão[5].

Como sociedade, estamos no meio de um ataque de pânico coletivo. Buscamos carreiras que geram ansiedade, segurança e concentração. Temos medo de não estar fazendo o suficiente. Preocupamo-nos com saúde, política ou outras coisas que não podemos controlar. É aí que o desânimo se instala. A fadiga mental e emocional assume o controle. O medo e a ansiedade dominam. Por fim, o desespero prevalece.

Enquanto houver trevas neste mundo, seremos tentados a desistir ou ceder à ansiedade e ao medo. Mas, repetidas vezes, as Escrituras nos dizem para não temer. Como Jesus disse: "Deixo-lhes a paz; a minha paz lhes dou. Não a dou como o mundo a dá. Não se perturbem os seus corações, nem tenham medo."[6]

A ordem para não temer é dada mais de 300 vezes (alguns dizem 365 vezes, uma vez para todos os dias do ano). De fato, é uma frase usada mais do que qualquer outra da Bíblia[7], porque Deus sabia que, enquanto o medo viver em nossos corações, viveremos vidas estagnadas, mudaremos os planos e propósitos destinados a nós desde o ventre.

Se há uma coisa que aprendi em sete anos nessa estrada, uma lição que foi confirmada por várias pessoas com quem conversei, é esta: com um pouco de intenção e muita perseverança, o estresse e a ansiedade podem ser transformados em paz e propósito. Tédio e depressão podem se tornar empolgação e comprometimento.

Que tipo de intenção?

É disso que trata este livro.

RITMOS QUE TRAZEM RENOVAÇÃO

Por meio do estudo e da experiência, descobri quatro ritmos que nos ajudam a substituir o estresse e a ansiedade pela paz e pelo propósito de vida. Eles nos ajudam a nutrir e manter uma saúde emocional duradoura. Esses ritmos não são complicados — Descanso, Restauração, Conexão e Criação. E são as palavras que escrevi pela primeira vez sob o título "Ritmos de Renovação", no verão em que encontrei minha própria liberdade. No entanto, esses ritmos exigem prática. Atos práticos como uma folga da mídia (Descanso), exercitar-se (Restauração), compartilhar uma risada (Conexão) ou recuperar um talento antigo (Criação) nos ajudam a quebrar os ciclos indutores de ansiedade do mundo ao nosso redor e trazer equilíbrio para nossas vidas agitadas. Eles podem nos ajudar a cultivar o espaço espiritual e mental necessário para permitir que Deus nos tire da complacência e do medo, e nos traga liberdade.

Quando você reflete, esses quatro ritmos fazem sentido. Os dois primeiros — Descanso e Restauração — são "ritmos de entrada", ritmos que permitem que a paz de Jesus nos preencha. Os dois últimos ritmos — Conexão e Criação — são "ritmos de saída", ritmos que nos tiram de nossa zona de conforto e nos ajudam a interagir com o mundo ao nosso redor. Foi a compreensão da paz de Cristo que me permitiu transbordar essa paz. E quando eu permaneço nesse processo de entrada e saída, não sofro tanto com a ansiedade. De fato, encontro cura e plenitude. (Atenção: As práticas contidas neste livro não se destinam a substituir o tratamento profissional daqueles que precisam dele. Dito isso, elas podem ser usadas em conjunto com a terapia para trazer renovação e paz.)

Minha esperança é que, daqui a dez anos, você revise seu próprio período de estresse ou frustração e veja como Deus o trouxe de volta ao centro através dos ritmos de renovação descritos neste livro. Minha oração é para que você veja como esses ritmos espirituais lhe permitiram viver uma vida de paz, paixão e propósito.

RITMO UM

DESCANSO

Nunca fui boa em colocar o Descanso em prática. Sou tão sobrecarregada, entusiasmada e extenuada quanto qualquer pessoa. Há demandas na minha vida, e pode ser difícil desacelerar. Esse ritmo incessante leva a mais estresse e mais ansiedade. Se eu descobri alguma coisa ao longo dos anos, foi isto: minha ansiedade volta quando não estou descansando.

Ficamos inquietos quando descansamos menos.

Não fomos criados para esse ritmo incessante. Fomos projetados à imagem de Deus. E até o próprio Deus descansou. Conforme registrado em Gênesis, depois de criar o mundo, Deus reservou o sétimo dia para descansar. Em Gênesis 2, a Bíblia declara: "No sétimo dia Deus já havia concluído a obra que realizara, e nesse dia descansou. Abençoou Deus o sétimo dia e o santificou, porque nele descansou de toda a obra que realizara na criação."[1]

O descanso antecede a bênção. Não precisamos nos apressar para *ganhar* o descanso; nós nos apressamos *motivados* por uma postura de descanso.

Deus também chama o dia em que descansou de *santo*. Ele viu o descanso como sagrado e depois decretou que seu povo respeitasse o sábado e o reverenciasse com um padrão definido e consistente de repouso. Ele prometeu paz aos que descansarem: "Também darei paz na Terra, e dormireis seguros, e não haverá quem vos espante."[2] Após isso veio a promessa: "Se andardes nos meus estatutos, e guardardes os meus mandamentos, e os cumprirdes, então eu vos darei as chuvas a seu tempo; e a terra dará a sua colheita, e a árvore do campo dará o seu fruto."³ E, finalmente, ele diz no versículo nove: "E para vós olharei, e vos farei frutificar."⁴

NÃO PRECISAMOS NOS APRESSAR PARA GANHAR O DESCANSO; NÓS NOS APRESSAMOS MOTIVADOS POR UMA POSTURA DE DESCANSO.

Deus quis que todo o nosso trabalho culminasse em descanso santo e abençoado — descanso destinado a ajudar-nos a nos reconectar com ele. Ele pretendia que vivêssemos vidas frutíferas, que tivéssemos corações cheios de paz.

Vivemos em uma sociedade que está demasiadamente estressada, ansiosa e esgotada. Qual é o remédio? Descansar. O descanso abençoado por Deus. Nesta seção, apresentarei práticas rítmicas que podem nos ajudar a encontrar o descanso de que precisamos, descanso que nos protegerá e rejuvenescerá. Você pode achar que algumas dessas formas de descanso são mais fáceis que outras. De fato, já deve estar mergulhado nas Escrituras e refletindo (ambas são formas de descanso). Da mesma forma, você pode achar que algumas práticas — como fazer um detox tecnológico ou honrar o dia de sábado — parecem quase impossíveis. Mas, ao ler, observe as várias maneiras pelas quais você pode praticar o ritmo do descanso. Pergunte a si mesmo quais práticas você pode precisar mais e reserve um tempo para elas. E lembre-se: se você não é uma pessoa que descansa naturalmente, isso pode demorar um pouco. Tudo bem. Seja paciente consigo mesmo.

Está pronto para trazer descanso para a sua inquietude? Vamos aprender como.

FAÇA UM INVENTÁRIO

CAPÍTULO 1

CAPÍTULO 1

FAÇA UM INVENTÁRIO

REFLEXÃO E DIÁRIO

A vida não examinada não vale a pena ser vivida.

—SÓCRATES

O livro de Parker Palmer, *Vida Ativa*, roubou meu coração há alguns anos. Começa com um poema de William Stafford, "Pergunte-me", que roga esta pergunta: "Em algum momento, enquanto o rio estiver congelado, pergunte-me os erros que cometi. Pergunte-me se o que fiz é minha vida"[1]. Foi o primeiro livro que me desafiou a fazer um inventário dos meus dias, a considerar meus pensamentos, ações e rotina. Comecei a perguntar para mim mesma: *A vida que levo é a vida que deseja viver em mim?*

Quando me perguntei isso pela primeira vez, minha vida estava consumida por idas ao mercado, fast-foods e compromissos de meus filhos. Era uma década engolida por fraldas, chupetas e cocô. Embora esses momentos de maternidade não fossem o desejo da minha vida, eram como os meus dias se compunham, em sua maioria. Eu nunca havia considerado a vida que queria viver para mim.

Dezoito anos depois, não estou apenas indo para o parquinho com meus filhos, mas levando-os para os primeiros encontros. Passamos de fraldas para camisetas e equipamentos esportivos para acampamento de verão. Criar quatro filhos, três dos quais agora são adolescentes, vem com uma agitação de barco no mar aberto. Mas não importa qual momento seja — maternidade ou criação de adolescentes —, fazer uma pausa para fazer o inventário salvou minha vida. Quando me vejo ocupada demais, fico perdida. Quando arranjo tempo para fazê-lo, ganho uma perspectiva crucial.

O QUE É FAZER UM INVENTÁRIO?

O que significa fazer um inventário? Não estou falando em limpar armários, contar pares de sapatos ou caçar as decorações de Natal que faltam. (Vamos falar disso mais tarde.) Estou descrevendo a prática importante de avaliar minha vida e redefinir prioridades para garantir que estou vivendo bem.

Vários anos atrás, percebi que algo importante estava faltando na minha vida. Senti que meu objetivo era ir além de ser dona de casa, que meu trabalho era para ser feito dentro e fora de casa. Havia apenas um problema: nossa programação da época não tinha margem para eu imaginar qual seria meu papel fora de casa. Havia vislumbres sutis de um dom para escrever, e eu os usava toda vez que descia as escadas no meio da noite para descarregar os sentimentos do meu coração no notebook. Escrever era a única maneira que eu sabia de processar o que Deus fazia na minha vida. O que isso significava?

Juntos, meu marido Gabe e eu decidimos resolver tudo. Começamos criando espaço para fazer um inventário, arrumando tempo em nossos horários ocupados para sonhar. Começamos a escrever todos os momentos em que me sentia mais viva. Conversamos sobre meu amor

↳ FAÇA UM INVENTÁRIO | 15

pela leitura, escrita e comunicação, e começamos a conectar os pontos. Depois, observamos os momentos em que eu me sentia pior, aqueles em que não conseguia me afastar das infinitas responsabilidades de criar filhos. Eu sentia que não havia tempo suficiente para expressar os presentes que Deus havia me dado. Ao fazermos o inventário desses momentos, a visão de Deus para minha vida entrou em foco.

E se meu dom e talento para a palavra escrita e falada pudessem ser usados em algo maior que eu? Talvez eu pudesse levar um ano para explorar isso mais a fundo e viver uma realidade diferente. Começamos a sonhar sobre como Deus poderia usar a aflição que eu estava enfrentando ao tentar viver a vida que desejava viver.

Olhando para trás, posso ver como fazer uma pausa, me afastar das responsabilidades por tempo suficiente para fazer o inventário, foi crucial para imaginar o plano de Deus para a minha vida. Com a ajuda e o apoio de Gabe, aprendi a estabelecer ritmos para escrever e ensinar, realizando um trabalho que não conseguia imaginar antes de começarmos a fazer o inventário. Sou grata por ver o fruto desses ritmos não apenas em mim, mas também nos outros. As mulheres me inspiram todos os dias, enquanto buscam seus grandes propósitos de alcançar um lugar de saúde emocional, espiritual e mental. Mais importante ainda, a bondade de Deus me surpreende. Ele convida várias pessoas a obter uma compreensão mais profunda da liberdade que podem experimentar em Cristo ao viverem seus chamados e usarem seus dons.

COMO FAZER UM INVENTÁRIO?

Grande parte de nossa ansiedade e depressão decorre da incerteza sobre o futuro. Nós pesquisamos e mudamos, obcecamos e revemos, na esperança de que possamos encontrar a pílula mágica, a resposta para a nossa incerteza. Mas, se você absorver algo deste livro, descobrirá que não há nada que resolva tudo. É uma combinação de hábitos, padrões e ritmos que mantêm a angústia longe. Você nunca descobrirá esses princípios se não parar para fazer um inventário e, embora descansar do trabalho do dia para fazer isso possa parecer contraproducente, pode ser a coisa mais benéfica a ser feita.

Então, como fazer o inventário? Considere começar aos poucos.

Todos os dias me pergunto: *Aonde Deus está me levando? Que novas pessoas Ele colocou em meu caminho? Que novo compromisso Ele está me pedindo para fazer?* Tento pensar no óbvio e no eminente, e anotar todas as grandes revelações às quais talvez precise voltar quando tiver um tempo maior.

AONDE DEUS ESTÁ ME LEVANDO?
QUE NOVAS PESSOAS ELE COLOCOU EM MEU CAMINHO?
QUE NOVO COMPROMISSO ELE ESTÁ ME
PEDINDO PARA FAZER?

Também reservei algumas horas de quatro em quatro meses e mergulhei mais fundo. Começo reconhecendo todos os impulsos e estímulos da minha vida. Usando uma rubrica que ajuda a simplificar, faço quatro perguntas simples que aprendi com nosso mentor, Pete Richardson, e faço uma lista simples para colocar minha cabeça na direção certa.

A primeira pergunta, **O que Está Certo?**, me mantém consciente e grata pelos presentes em minha vida. Basear-nos no reconhecimento das coisas boas estabelece um tom positivo para o restante do inventário.

Perguntar **O que Está Errado?** me permite ver coisas que se desviaram do curso. Ao responder a essa pergunta, avalio e cito os desafios que estou enfrentando. Levo um tempo para nomear as coisas que parecem fora do lugar ou fora de ordem. Ao nomear o que está errado, dou o primeiro passo para resolver meus problemas.

A terceira pergunta, **O que Está Confuso?**, me ajuda a isolar os caminhos tortuosos que sigo que não parecem ser frutíferos. Estou ensinando aos nossos filhos respeito e responsabilidade? Estou fazendo das amizades uma prioridade? Nosso tempo juntos como família é de qualidade? Eu poderia gastar uma quantidade infinita de energia mental considerando essas questões ao longo do dia, mas, quando dedico tempo para escrevê-las em uma folha, as respostas ficam claras. Anotando, sinto que a ansiedade associada a essas perguntas se dissipa.

A última pergunta, **O que Está Faltando?**, requer uma análise profunda das áreas da vida nas quais eu estou muito envolvida, áreas que não posso avaliar sozinha. Para responder a essa pergunta, preciso de ajuda e informações de Gabe e de alguns amigos próximos. Essa pergunta coletiva me ajuda a identificar pontos cegos ou falar sobre meus desejos para garantir que sejam pertinentes à história que Deus me convidou a viver.

Refletir por alguns momentos todos os dias e fazer um mergulho mais profundo a cada poucos meses nos mantêm cientes das coisas que geram ansiedade em nossas vidas e nos permitem corrigir o curso. Se você achar esse processo tão benéfico quanto eu acho, poderá achar que um Retiro de Inventário Pessoal por vários dias no ano traz ainda mais clareza, pois cria espaço adicional para novos sonhos surgirem. Você ficará surpreso com o surgimento de paixões reprimidas e como as soluções para seus problemas surgem quando você tira um tempo para pensar nelas.

TEMATIZE SEU ENTORNO

Às vezes escolho um tema para minhas avaliações. No ano passado, por exemplo, escolhi o tema "Restabelecer". Sentia uma urgência em reexaminar e integrar melhor as responsabilidades da maternidade e da carreira. Por 15 anos, eu conhecia apenas a primeira, mas, nos últimos 5 anos, eu vinha incluindo a última. Eu sentia como se as coisas estivessem desequilibradas, como se fosse uma ou outra, e não queria mais ficar nos extremos do pêndulo, pois ele me deixava exausta ou suplicando por controle. Eu precisava restabelecer quem eu era como mãe *e* como mulher trabalhadora. Então, me desafiei a abraçar as imperfeições de carregar ambos. Com esse tema em mente, fiz um inventário novamente. Percebi que não precisava responder a todos os e-mails no mesmo dia. Nem precisava lavar todos os pratos sujos no mesmo dia. Mas eu sempre deixava espaço para uma história de ninar.

Nunca é tarde para restabelecer o que você quer que sua vida seja.

Se fizermos corretamente nossos inventários, o processo será sagrado. Chegará o dia em que cada um de nós prestará contas de como administramos nosso tempo, nossos anos e as pessoas que amamos que estão sob nossos cuidados[2]. Quando encontramos tempo suficiente para fazer um inventário, quando pedimos a Deus que cultive nosso coração, talentos e paixões de acordo com o propósito que Ele planejava antes do início de nossos dias[3], encontramos novos horizontes se abrindo, horizontes além de tudo o que pedimos ou pensamos[4].

NUNCA É TARDE PARA RESTABELECER AQUILO
QUE VOCÊ DESEJA PARA SUA VIDA.

É fácil se envolver com os ciclos intermináveis e indutores de ansiedade, como produtividade, criação de filhos, relacionamentos ou servidão. É fácil acreditar que não podemos descansar do nosso trabalho, que temos que nos esforçar, esforçar e esforçar até a próxima obrigação ou ficaremos para trás. Mas temos que descansar desses ciclos por tempo suficiente para fazer o inventário. Se não o fizermos, podemos perder o melhor que Deus tem para nós, o plano que nos trará um descanso definitivo de um mundo muito exigente.

⤻ PARA REFLETIR ⤺

1. DESCREVA SUA VIDA. O QUE HÁ DE ERRADO, FALTANDO OU CONFUSO NELA?

2. QUANTO TEMPO FAZ DESDE QUE VOCÊ FEZ UM INVENTÁRIO DA SUA VIDA? JÁ O FEZ ALGUMA VEZ?

3. ESCREVA UM PLANO PARA VOCÊ SE AFASTAR, NEM QUE SEJA POR APENAS METADE DE UM DIA, PARA FAZER UM INVENTÁRIO.

DESINTOXICAÇÃO TECNOLÓGICA

 SILENCIE O BARULHO

CAPÍTULO 2

CAPÍTULO 2

DESINTOXICAÇÃO TECNOLÓGICA

SILENCIE O BARULHO

Somos continuamente incentivados por nossos dispositivos eletrônicos a fazer uma série de escolhas. A questão é se essas escolhas estão nos levando à vida que realmente queremos.

—ANDY CROUCH

Faz oito anos desde que comecei a usar o Instagram. Sete de maio de 2011, para ser exata. Nós nos mudamos para o Upper East Side de Nova York no verão anterior e, embora muitos de meus amigos estivessem se tornando mais ativos nas redes sociais, eu não era uma usuária experiente. Eu não usava o Facebook ou o Twitter, mas a ideia de manter um diário de fotos em tempo real para compartilhar com amigos e familiares? Isso era algo que eu poderia gostar. Depois de um fim de semana de uso, o aplicativo me fisgou.

Nova York era um colírio naqueles dias. Meu primeiro post foi um carrinho de cachorro-quente na esquina de nossa rua (Rua 61ª na 3ª Avenida) na minha caminhada matinal para o Central Park, o mesmo carrinho que passava pelo mesmo buraco todos os dias às 5h. Quando olho a foto hoje, ainda posso ouvir o carrinho da mesma forma que o ouvia da minha cama no quarto andar do nosso prédio.

Dia após dia, eu fotografava o parque: nossa volta para casa da escola, noites passeando pelas ruas da cidade na Vespa com Gabe. Capturei momentos simples com as crianças em nosso parque da cidade grande, documentei nossa temporada de deslumbramento e admiração como se fosse uma criança. Eu queria manter uma conta para meu próprio banco de memória, um registro dessa época de transformação da minha vida.

Por três anos, continuei compartilhando momentos. Nunca houve escassez de pontos turísticos para capturar através das lentes. Acrescentava legendas, histórias que apareciam todos os dias nas páginas do meu diário. O que começou como uma criação de um banco de memórias se tornou algo mais quando comecei a procurar o ângulo, a iluminação e a história perfeitos. À medida que o número de meus seguidores aumentou, também aumentou a compulsão de compartilhar. Tornei-me mais estratégica, dei às pessoas o que eu pensava que elas queriam, temendo que elas parassem de me seguir se eu não o fizesse. Qualquer coisa menos parecia autoindulgente, ou pelo menos foi o que eu disse a mim mesma. Naquela época, sem que eu percebesse, as redes sociais se tornaram o mestre, e eu, sua escrava.

Em vez de dedicar tempo para processar os momentos da minha vida, em vez de refletir sozinha por semanas, até mesmo meses, processei tudo em tempo real na companhia de estranhos. Sempre que sentia ansiedade, pegava meu telefone, a distração que escolhia. Enchia minha mente com o barulho dos outros, não importava quanto aquilo custaria.

Gabe percebeu antes de mim. "Você não precisa registrar *tudo*; aproveite o momento!", dizia. Kennedy, minha filha, também percebeu e perguntava: "Você pode parar de olhar para o seu telefone?" Embora tenha sido divertido documentar momentos especiais, minha família não se inscreveu para que nossas vidas fossem exibidas para o entretenimento público.

Levaria sete anos para a realidade disso se manifestar. Na primavera de 2018, senti Deus sussurrando que deveria jejuar das redes sociais. Dispensei e defendi minhas ações. *Não é grande coisa, Deus. Isso não significa muito para mim.*

Acordei algumas semanas depois, sentindo um desejo, até uma convicção, de fazer uma pausa por um tempo. Eu mal podia esperar outro dia. Então, compartilhei que precisava fazer um hiato das redes sociais, uma pausa para mim, para minha família. Eu queria perceber as consequências de viver uma vida supercompartilhada. Não foi uma repreensão, mas um convite. Um convite para quê? Eu não tinha certeza, mas logo descobriria.

OS EFEITOS DE UM JEJUM DAS REDES SOCIAIS

Quando eu me afastei das redes sociais, as coisas mudaram. Primeiro, comecei a sonhar novamente. Na varanda dos fundos, um diário na mão, novas ideias e pensamentos inundavam minha mente. Eu não estava copiando, comparando ou invejando a vida de outras pessoas. Algo mudou profundamente no meu espírito. Despreocupada com o que os outros podiam pensar, registrei minhas reflexões, tomei nota de novos sonhos que começaram a surgir.

Segundo, comecei a dormir melhor do que nunca. Minha rotina de sono a noite inteira voltou quase imediatamente. Depois de anos acordando de manhã cedo e sentindo insônia, minha mente e meu corpo estavam recuperando o descanso necessário. Parei de percorrer meus aplicativos de redes sociais antes de dormir, para que meu corpo e cérebro ficassem mais bem preparados para dormir. Se eu despertava no meio da noite, evitava verificar meu telefone, sabendo que ele poderia me manter acordada.

Terceiro, busquei aprender novamente. Trocava fazer algo produtivo com meu tempo por ler algo nas redes sociais. E, naquele tempo extra obtido com o jejum, li mais livros, ouvi mais podcasts e palestras. Nos primeiros dois meses do meu jejum do Instagram, digeri mais conteúdo do que no ano anterior. Minha mente se renovou quando minha paixão pelo aprendizado retornou. Anos consumidos pela mídia, opiniões e experiências de outras pessoas criaram um deficit. Agora, sem todas essas informações, meu cérebro estava com fome de crescimento.

Um mês depois desse experimento de jejum das redes sociais, eu voltava para casa ao pôr do sol pelas colinas de Franklin, Tennessee, para onde nos mudamos depois de Nova York. Passei por uma curva na estrada e ofeguei para o céu, resplandecente com cores rosas e vermelhas. Meus olhos brilharam com a beleza. Normalmente, eu teria parado ao lado da estrada e procurado o ângulo para a foto perfeita para compartilhar no Instagram. Mesmo antes de pegar meu telefone, percebi que não estava com ele e não me importei. Segui em frente, refletindo sobre essa mudança de coração, mente e alma por mais alguns minutos. Foi quando Deus me lembrou da verdade que eu precisava ouvir: *Você é digna de receber algo bonito e não precisa compartilhá-lo.*

VOCÊ É DIGNA DE RECEBER ALGO BONITO
E NÃO PRECISA COMPARTILHÁ-LO.

Foi quando eu parei na beira de uma estrada rural. Olhei para o céu âmbar e comecei a refletir: *Por que me sinto tão compelida a compartilhar tudo? De quem busco a validação?* Em algum lugar, ao longo do caminho, decidi que qualquer coisa que fizesse por mim me parecia indulgente e não acreditava que eu era digna de indulgência. O que começou como uma pausa da agitação das redes sociais tornou-se uma lição fundamental de merecimento. Percebi que meu valor não é encontrado na aprovação dos outros, mas sim nos presentes amorosos que Deus oferece no "agora", no convite íntimo de um pôr do sol.

Muitos de nós vivemos a vida a todo vapor, de foto em foto, de conquista em conquista. Saltamos de distração para distração, imagem para imagem, assunto para problema, sem parar para perguntar o *porquê*. Não é de admirar que estejamos ansiosos e estressados!

Descansar da tecnologia, das redes sociais, da internet ou de nossos smartphones nos deixa mais calmos, abre espaço para examinarmos nossos pontos cegos e nos dá maior capacidade de estar presente no momento bem à nossa frente. Pelo menos, foi isso que aconteceu comigo.

VOLTAR É POSSÍVEL

Voltei à rede social alguns meses depois, cautelosa por começar de novo. Logo depois, compartilhei com uma amiga a gratidão por um ritmo mais lento, maior tempo de atenção e que não tinha mais necessidade de aprovação pública. Compartilhei como poderia ler um livro inteiro novamente sem ter a atenção desviada e como podia me envolver em uma longa conversa sem pegar o telefone. Eu disse a ela como vejo o brilho no olhar de Kennedy quando ela está animada para compartilhar algo do seu dia e eu lhe dou toda a minha atenção. Como eu percebo o sorriso bobo do nosso filho Cade quando está aprontando, como estou presente o suficiente para rir. Ao fazer jejum das redes sociais, recuperei a arte perdida de prestar atenção, e, de alguma forma, isso me trouxe uma sensação de paz e tranquilidade.

> SE VOCÊ PERDER A VOZ, FIQUE EM SILÊNCIO POR UM TEMPO. VOCÊ A REENCONTRARÁ.

Durante essa época renovadora de sonhar, dormir e aprender, também encontrei minha verdadeira voz novamente. Eu queria incentivar as pessoas online por meio do contágio, não por postar porque estava pressionada a acompanhar, como nos velhos tempos. Algo estalou quando refleti e disse a mim mesma: *Se você perder a voz, fique em silêncio por um tempo. Você a reencontrará.*

Minha amiga ouviu e, quando terminei de contar minha história, ela sorria. Ela precisava disso também, disse. E você?

Se você se compara ansiosamente, está constantemente distraído, com inveja do que os outros compartilham nas redes sociais ou na internet, considere as palavras de Paulo à igreja em Gálatas: "Acaso busco eu agora a aprovação dos homens ou a de Deus? Ou estou tentando agradar a homens? Se eu ainda estivesse procurando agradar a homens, não seria servo de Cristo."[1] Não existe maneira melhor de praticar esse ensino do que fazer uma desintoxicação tecnológica.

Talvez você deva jejuar do Instagram, Twitter ou Facebook. Talvez deva se afastar de seu smartphone quando entrar em casa, depois de um longo dia. Considere limitar o número de mensagens que envia por dia. Experimente e dê a si mesmo o descanso que sua mente, alma e corpo precisam — por você e por aqueles que o rodeiam.

↗ PARA REFLETIR ↖

1. QUANTO DAS REDES SOCIAIS VOCÊ CONSOME EM UMA SEMANA? VOCÊ POSSUI UM CRONÔMETRO NO CELULAR QUE MARQUE ESSE TEMPO? (EXISTEM ALGUNS, ATÉ MESMO AQUELES JÁ INCLUSOS NO TELEFONE.)

2. FAÇA UMA PAUSA DE TODAS AS REDES SOCIAIS POR DUAS SEMANAS. NO FINAL DESSE TEMPO, PERGUNTE-SE: O QUE EU PERDI? O QUE EU NÃO PERDI? ESCREVA SUAS RESPOSTAS.

3. QUE PONTOS POSITIVOS VOCÊ ATRIBUI AO USO DA TECNOLOGIA EM SUA VIDA? E NEGATIVOS?

FIQUE EM SILÊNCIO

CRIE ESPAÇO E ESCUTE

CAPÍTULO 3

CAPÍTULO 3

FIQUE EM SILÊNCIO

CRIE ESPAÇO E ESCUTE

Sem solidão, nenhum bom trabalho é possível.

—PABLO PICASSO

Ao longo da minha vida, sempre me considerei extrovertida. Nunca recusei um convite ou uma oportunidade de sair com os amigos. Se o dever de casa ou os estudos para um teste ameaçassem atrapalhar, eu passaria a noite toda acordada. A vida na faculdade combinava comigo. Havia encontros noturnos nos dormitórios, exercícios matinais com amigos. E eu garantia que meus amigos e eu tivéssemos planos depois de cada jogo de futebol no sábado. Eu era entusiasmada com a vida, e meu *modus operandi* era *quanto mais, melhor*.

Depois de formada, as coisas começaram a mudar. Quando me tornei mãe, ansiava por um tempo sozinha. Fechar a porta do banheiro parecia sagrado. Quando as crianças cresceram e se tornaram adolescentes, eu permanecia dentro do carro na garagem por alguns minutos depois que elas entravam. Essa mudança em mim também apareceu de outras maneiras. Em vez de me exercitar em uma academia barulhenta e cheia de gente, comecei a preferir exercícios matinais, como ioga e caminhadas ao ar livre. Para fazer uma pausa mais calma, reservava dois dias por semana para realizar tarefas e encontrar amigos para almoçar ou tomar um café. Nas manhãs em que eu não estava correndo, passava muito tempo em casa, sentada em silêncio.

Andei muito de avião nos últimos cinco anos e, em um desses voos, concluí: a razão pela qual eu gostava de voar era que isso me oferecia silêncio e uma chance de me recarregar. Durante um voo, eu poderia ouvir podcasts e palestras; poderia escrever em meu diário, ler e preparar o que falaria mais tarde naquela noite. Quando chegava ao evento, estava energizada e pronta para me envolver totalmente na longa noite até que todos voltassem para casa. Adorava tanto a intensa conexão com as pessoas por longos períodos quanto o refúgio de um quarto de hotel silencioso.

O que isso significa? Eu estava me tornando introvertida?

Ao descobrir o quanto eu gostava de espaços menos barulhentos, li o livro de Susan Cain, *O Poder dos Quietos*, no qual escreve: "Introvertidos [...] podem ter fortes habilidades sociais e desfrutar de festas e reuniões de negócios, mas depois de um tempo desejam estar em casa de pijama. Eles preferem dedicar suas energias sociais a amigos íntimos, colegas e familiares."[1] Ela estava descrevendo pelo menos uma parte de mim de forma perfeita.

Um dia, compartilhei com uma amiga como não me encaixava na caixa introvertida *ou* extrovertida. Claro, adoro uma boa festa, mas também gosto de longas manhãs sozinha ou conversas íntimas. Contei a ela sobre algumas pesquisas que encontrei: dois terços de nós não se identificam como introvertidos ou extrovertidos[2]. Minha amiga me perguntou se eu já havia ouvido falar do termo *ambivertido*. Eu nunca ouvira. Ela explicou que um ambivertido é "uma pessoa cuja personalidade tem um equilíbrio de características extrovertidas e introvertidas" e sugeriu que essa definição me descrevia melhor. Apesar da estranheza da palavra, ela me descreve apropriadamente. Dê-me extroversão sem horas de conversa fiada. Dê-me introversão sem uma caverna enclausurada.

TODOS PRECISAMOS DE SILÊNCIO

Quer sejamos extrovertidos, introvertidos ou ambivertidos, todos nós precisamos de silêncio — momentos em que pausamos, reconsideramos e avaliamos. De fato, essa era uma verdade que Jesus vivia. Ele ficou em silêncio durante todo o seu ministério. Por exemplo, logo depois que ele foi batizado, o Espírito de Deus o levou ao deserto por 40 dias de silêncio e, no final daquela temporada, ele resistiu à tentação de Satanás e expandiu seu ministério. Depois de muitos milagres, Jesus se retirou para as montanhas em busca de solidão e oração. Na noite anterior à crucificação, passou um tempo em reflexão e oração silenciosas no jardim Getsêmani. O silêncio fazia parte constante de sua rotina — então, quanto *nós* precisamos disso em nossas vidas? Seria bom entender que somos capazes de ser nossas melhores versões quando estamos concentrados em um local de descanso silencioso.

Mas se você acha que ficar em silêncio é fácil, pense novamente. Você terá que lutar contra toda uma cultura para obter isso. O barulho e as distrações são infinitos nesta era digital. Mesmo que você limpe as distrações e crie espaço para o silêncio, terá que se sentir confortável consigo mesmo — ficando sozinho com seus pensamentos, falhas, esperanças, sonhos, feridas e anseios. Para alguns de nós, o silêncio pode ser o lugar mais assustador de se ir. Mas, quando vamos para lá, quando estabelecemos rotinas de silêncio e as protegemos, coisas incríveis acontecem para nossa saúde emocional e mental.

Primeiro, no silêncio, ganhamos perspectiva. Quando o barulho de nossas vidas nos domina, geralmente interpretamos mal ou perdemos a noção da realidade. Ao criar espaço longe de nossas realidades movimentadas, podemos ver com mais clareza o que está acontecendo e ganhar nova energia para enfrentar os desafios que se estabeleceram perto demais de nosso conforto.

Segundo, o silêncio nos ajuda a tornar-nos mais emocionalmente resilientes e empáticos com os outros. Um artigo recente da *Forbes* apontou: "Os estudos mostram que a capacidade de tolerar tempo sozinho tem sido associada a um aumento da felicidade, a uma melhor satisfação com a vida e a um melhor gerenciamento do estresse."[3] O silêncio nos ajuda a manter uma sensação de calma, reconcentração e nos aproxima mais de quem fomos projetados realmente para ser.

Ficar em silêncio não beneficia apenas a nós; também nos ajuda a nos relacionar com os outros.

SILÊNCIO: A MANEIRA DE FAZER O MUNDO UM LUGAR MELHOR

Incorporei práticas intencionais de silêncio em minha vida e, ao fazê-lo, notei melhorias nas maneiras como interagia com o mundo. O silêncio penetrou na maneira como eu me relacionava com os outros, permitindo-me ser portadora de paz, amor e sabedoria no meio do caos. De fato, quanto mais eu ia em direção ao silêncio, mais conseguia me conectar com as pessoas da minha vida e me tornar uma amiga melhor.

> O SILÊNCIO PENETROU NA MANEIRA COMO EU ME
> RELACIONAVA COM OS OUTROS, PERMITINDO-ME SER
> PORTADORA DE PAZ, AMOR E SABEDORIA NO MEIO DO CAOS.

Como?

O silêncio me ensinou a voltar a **ouvir**. Ao fazê-lo, comecei a fazer perguntas genuínas aos meus amigos. Eu parava para conectar-me com o coração deles e ouvir sua dor. E aprendi a ser empática, orar por eles e dar-lhes mais apoio. A escuta silenciosa também me ensinou a **perceber**. Comecei a ouvir o que *não* estava sendo dito. Comecei a ler nas entrelinhas, notar expressões faciais, observar quando o olhar se distanciava se as perguntas se tornassem muito pessoais. A percepção silenciosa me ajudou a ver quando alguém estava sofrendo, lutando ou pressionando demais, e me levou a perguntar se havia algo que eu pudesse fazer. Finalmente, a escuta silenciosa me ensinou a **entender**. Ensinou-me a não preencher todos os espaços vazios com palavras, ensinou-me a demonstrar empatia silenciosa pelo cônjuge, amigo e filhos.[4] A escuta silenciosa me impedia de supor e exagerar, na defensiva, coisas que só prejudicam os mais próximos de nós.

Há algumas semanas, meu filho Pierce e eu fomos dar um passeio para conversarmos sobre como as coisas estavam. Ele havia começado o segundo ano do ensino médio há pouco tempo e seus dias eram consumidos com as demandas constantes de esporte, aulas de composição, trabalhos escolares e provas. Embora ele estivesse agradecido por tudo, ouvi sua voz falhar no meio da frase quando ele expressou que estava se sentindo pressionado a acompanhar. Pierce geralmente gerencia o estresse com facilidade e mantém uma postura despreocupada — não importa a circunstância. Eu sabia que aquele era um momento único, não para resolver ou consertar os problemas, mas para aproveitar. Então, parei e disse: "Conte-me mais."

A conversa que se seguia revelou coisas que eu não teria ouvido se outras pessoas estivessem por perto ou se estivéssemos agoniados. Minhas únicas respostas foram: "Sinto muito que você esteja enfrentando isso" ou "Eu sei que as coisas podem se acumular". Não ofereci respostas ou soluções. Ao dar espaço e silêncio ao meu filho, permiti que ele recebesse o que realmente precisava: ser amado, ouvido e compreendido.

QUANDO ENCONTRAMOS ESPAÇO PARA O SILÊNCIO, QUANDO NOS RETIRAMOS PARA UM LUGAR SILENCIOSO PARA ORAR, ESCREVER UM DIÁRIO OU LER, DESCANSAMOS DAS DISTRAÇÕES BARULHENTAS DE NOSSAS VIDAS.

Quando encontramos espaço para o silêncio, quando nos retiramos para um lugar silencioso para orar, escrever um diário ou ler, descansamos das distrações barulhentas de nossas vidas. Esse descanso nos distancia da ansiedade e do estresse do mundo, mesmo que apenas por um momento. Quando criamos espaços de silêncio com os outros, paramos de oferecer soluções ou conselhos indesejados e mostramos empatia, amor e compreensão.

Silêncio — fornece um refúgio para nós e para os outros deste mundo barulhento.

➔ FIQUE EM SILÊNCIO | 37

↗ PARA REFLETIR ↖

1. ENCONTRE 15 MINUTOS PARA REFLEXÃO EM SILÊNCIO. ANOTE PARA ONDE SEUS PENSAMENTOS VÃO QUANDO VOCÊ ESTÁ SOZINHO, SEM NENHUMA DISTRAÇÃO.

2. QUANDO FOI A ÚLTIMA VEZ QUE SE SENTOU EM SILÊNCIO? LISTE MANEIRAS DE INCORPORAR O SILÊNCIO EM SEUS RITMOS SEMANAIS.

3. DE ONDE VOCÊ PODE TIRAR 30 MINUTOS PARA UMA MOMENTO DE SILÊNCIO NO SEU RITMO DIÁRIO, PARA REFLETIR (E RESPIRAR) SEM NENHUMA DISTRAÇÃO?

TRABALHE SEU CORAÇÃO

EXAMINE E CONFESSE

CAPÍTULO 4

CAPÍTULO 4

TRABALHE SEU CORAÇÃO

EXAMINE E CONFESSE

Deus me conceda a serenidade de aceitar as coisas que não posso mudar, a coragem de mudar as coisas que posso e a sabedoria para saber a diferença.

—REINHOL D NIEBUHR

Em um dia fatídico de junho, me vi debruçada sobre volumes de fotos na tela do meu computador. Eu estava com um prazo apertado para um projeto, então, naturalmente, percorrer os últimos sete anos de fotos parecia a distração perfeita. Olhei cada foto de nossos filhos em Nova York. Como eram jovens! Jardim de infância, segunda e terceira séries. Os meninos tinham cabelos loiros e cachos desgrenhados. Kennedy usava uma tiara xadrez e segurava as coleiras de nossos poodles toy, Trevi e Flora. Corpos pequenos que pareciam menores ainda por causa das mochilas volumosas, ajoelhavam-se para alimentar patos em nossa lagoa favorita do Central Park ou negociavam um cupcake grátis no nosso trajeto diário de volta para casa da escola.

Saboreei a lembrança daqueles dias, como cada momento parecia uma aventura quando me unia a eles, tentando capturar o mundo através dos olhos dos meus filhos.

Encontrei mais um grupo de fotos que não reconhecia, uma série de cenas ambientadas nos bosques de Connecticut, onde nossa família descansava no feriado de outono. Nossos filhos estavam com seis, oito e dez anos e sonhavam com a típica tarde perfeita para crianças: um piquenique na floresta, no limite do jardim da frente. Empacotaram sanduíches, pipoca e caixas de suco, arrastaram uma colcha de retalhos com desenhos de floco de neve, livros do Dr. Seuss, um jogo da memória, uma fantasia do Grinch, um fantoche de zebra e um conjunto com bola e taco de beisebol. Gabe capturou toda a experiência com fotos, escondido atrás de uma cortina na janela do escritório da frente. Eu não fazia ideia.

Foto por foto, imagem por imagem, vi a tarde se desenrolar em câmera lenta. Uma das crianças optou por jogar beisebol. Kennedy arremessou e bateu a bola sozinha, que foi parar no ar, e ela a acertou, seu rosto inundado de pura determinação e coragem. Pierce examinou de perto uma folha, que havia pegado de uma pilha no chão, mas logo pulou para torcer por sua irmã. Cade aproveitou suas distrações para terminar o almoço, desviando migalhas para os poodles, que circulavam nas proximidades.

A foto seguinte me pegou desprevenida. Era eu. Cabeça enterrada no meu notebook, fones de ouvido, focadíssima na escrita do meu primeiro livro. Esses momentos sagrados de espontaneidade ocorriam no jardim da frente [...] e eu? Eu tinha perdido cada segundo.

Dei zoom para ver suas expressões faciais, pensando sobre suas personalidades. Lembrei-me da inocência e de seus olhos arregalados com admiração. Eles seguiriam papai e mamãe para qualquer lugar, e com certeza nós os testávamos. Lembro-me de dizer naquela época o quanto as crianças eram resilientes e, na verdade, elas eram resilientes — até não serem mais.

Olhei novamente para a minha foto, descabelada, moletom amarrotado, digitando, tudo para ser diligente. Que outros momentos perdi porque estava com a cabeça enterrada no meu trabalho? Ano após ano, eu não poderia estar presente para todos, mas isso parecia diferente. Eu não sentia o peso de ter perdido aquele momento até vê-lo em retrospecto, em cores vivas de um longo dia de outubro no passado.

Até você ficar em silêncio, não poderá saber o que seu coração precisa confessar.

Naquela sala, sete anos depois, me acabei em lágrimas. Essas crianças que se tornaram adolescentes, agora mais altas que eu, não estavam mais naquela época despreocupada e nunca mais voltariam a ela. Eles agora carregavam estresse e muita responsabilidade: prazos, vida social, ensino médio. Eu queria rastejar de volta pelas lentes e reviver aquela tarde. Eu queria mudar tudo, me afastar do meu computador e ir para Kennedy, pegar folhas com Pierce e provocar Cade a dar sua última mordida de sanduíche aos cachorros.

Suponho que a maioria dos pais vive com a pergunta: *O que mais eu poderia ter feito?* E, naquele momento, a pergunta apareceu para mim. Uma memória veio apenas para trazer outras: noites em que não coloquei meus filhos na cama e apenas os cumprimentei de longe. Nos meus piores momentos, eu ignorei os pedidos dos meus filhos. Preferi ficar no telefone. Eu queria sentir o peso dessas coisas, lamentar o que estava perdido, reconhecer minha ignorância.

Grata por essa percepção, considerei uma nova pergunta: *O que posso fazer agora?* Foi aí que as coisas começaram a mudar.

COMO MANTER UM CORAÇÃO PURO

Eu sabia que, se nos arrependermos de algo por muito tempo, se deixarmos isso nos consumir, cairemos em um buraco negro de vergonha. Nós alimentamos a culpa. Frequentemente, nosso arrependimento, vergonha e autocondenação não nos motivam a estar mais presentes, mais proativos. Em vez disso, eles deixam mais ansiosos e com uma maior sensação de derrota.

A confissão a Deus, por outro lado, nos permite recomeçar e fazer o hoje valer a pena. Cada pausa é uma chance de se libertar e se redefinir. A paz não pode acontecer sem a disciplina da autoavaliação. Quando deixamos tempo suficiente para examinar nossos corações, confessar a Deus onde erramos, a limpeza acontece.

VOCÊ NÃO PODE CURAR O QUE ESTÁ ESCONDIDO, MAS, QUANDO SE CONFESSA EM VOZ ALTA, LEVA O PROBLEMA PARA A LUZ, ONDE ELE PODE SER CURADO.

Essas coisas são verdadeiras: **você não pode curar o que está escondido**, mas, quando se confessa em voz alta, leva o problema para a luz, onde ele pode ser curado. O poder da culpa e da vergonha não se prende mais a você, porque **os segredos perdem força quando saem da escuridão**.[1]

Aqui estão três perguntas que você deve fazer para começar a trabalhar seu coração. Elas o guiarão pela confissão e pela mudança (que é o caminho do verdadeiro arrependimento).

1. **O que preciso confessar?** O trabalho com o coração começa com o despertar, como o que aconteceu comigo na tarde em que olhava minhas fotos. Ao tomar consciência de momentos dos quais sentia saudades, senti profunda vergonha e culpa e confessei minha tendência de permitir que o tempo de trabalho ultrapassasse o tempo da família.

2. **Do que preciso me desprender?** Alimentar a culpa mostra uma desconfiança significativa do perdão, da cura e do poder restaurador de Deus. Quando confessamos, nos desprendemos de nossa culpa e a liberamos para Deus, confiando que Ele trabalhará por meio de nossas falhas para realizar seus propósitos. [2]

3. **O que preciso mudar?** A confissão e o desprendimento abrem caminho para como podemos seguir em frente de maneiras novas, mais conectadas e presentes. Continue perguntando a Deus: "O que posso fazer agora?" Seus planos e propósitos continuarão a se manifestar.

Depois de trabalharmos o coração e corrigirmos nossos caminhos, temos uma trajetória à nossa frente livre de culpa, vergonha e ansiedade. Refletimos, confessamos e começamos a andar de uma nova maneira. Uma maneira melhor. A culpa e a vergonha nos mantêm presos em ciclos de ansiedade, depressão e talvez até pânico. A única maneira consistente de encontrar descanso nesses ciclos é manter meu coração puro por meio da confissão, do desprendimento e do perdão.

A confissão é a porta de entrada para a liberdade. A liberdade é a beleza do perdão.

Permita-me dar-lhe uma orientação: quando você começa a trabalhar seu coração, pode se deparar com algumas coisas bem grandes. Velhas feridas. Dores profundas. Talvez até alguns padrões sombrios de comportamento. Se for esse o caso, não tente carregar esse peso sozinho. Encontre um conselheiro, terapeuta, pastor ou padre para ajudá-lo a carregar esse fardo. Embora eu recomende um profissional para ajudá-lo a resolver esses problemas, talvez seja uma boa ideia recorrer também a um amigo disposto a ajudá-lo.

A CONFISSÃO É A PORTA DE ENTRADA PARA A LIBERDADE.
A LIBERDADE É A BELEZA DO PERDÃO.

O autor do livro de Provérbios escreveu estas palavras: "Sobre tudo o que se deve guardar, guarda o teu coração, porque dele procedem as saídas da vida."[3] Vamos trabalhar o coração: examinar e confessar, perdoar e desprender, depois agir em nossas comunidades, e no mundo, como agentes de cura.

↗ PARA REFLETIR ↖

1. PERGUNTE-SE: O QUE PRECISO CONFESSAR? EXISTEM AÇÕES OU INAÇÕES QUE EVITEI EXAMINAR, COISAS QUE FALHEI EM CONFESSAR POR CAUSA DE CULPA OU VERGONHA?

2. QUANDO FOI A ÚLTIMA VEZ QUE VOCÊ PRATICOU A CONFISSÃO COM UM CONSELHEIRO, PASTOR, PADRE OU ATÉ MESMO UM AMIGO?

3. SENTE-SE EM UM LUGAR SILENCIOSO E FAÇA UM INVENTÁRIO. O QUE LHE CAUSA CULPA, VERGONHA, ESTRESSE OU ANSIEDADE? DESPRENDA-SE DESSAS COISAS E LIBERE-AS PARA DEUS. PEÇA PARA QUE ELE LHE TRAGA PAZ.

CONTANDO CARNEIRINHOS

ROTINA PARA UM SONO PROFUNDO

CAPÍTULO 5

CAPÍTULO 5

CONTANDO CARNEIRINHOS

ROTINA PARA UM SONO PROFUNDO

Ao terminar cada dia, esqueça-o. Você fez o que pôde. Alguns erros e tolices com certeza fizeram parte dele; esqueça-os assim que puder. Amanhã é um novo dia. Você deve começar com serenidade e um espírito superior, que não deve estar sobrecarregado com suas velhas bobagens.

—RALPH WALDO EMERSON

Meu pai era uma pessoa noturna. Muitas noites, lembro-me de ele ligando a máquina de pipoca, pronto para conversar com quem quisesse ouvir, enquanto eu me remexia na cama. Depois de 12 horas de escola, ensaio da banda e lição de casa, eu não conseguia fazer mais nada. Papai parecia prosperar enquanto todo mundo estava dormindo. Ele pegava algo na cozinha, ouvia rádio ou lia um livro até de madrugada. Mas sua falta de sono era compensada até o final da tarde, quando às vezes cochilava no meio de uma frase enquanto estava sentado.

Nunca fui uma pessoa noturna, pelo menos até a minha primeira gravidez, aos 25 anos. Com a barriga inchada, a bexiga minúscula e a necessidade de abraçar um travesseiro enorme, senti o primeiro gosto da insônia. Aguentei durante a gravidez, mas, quando Cade chegou, minhas noites sem dormir continuaram. Tenho certeza de que dar de mamar para um recém-nascido a cada três horas tem algo a ver com isso. À medida que nossa família se expandia, meu período de insônia também aumentou. Os bebês dois e três vieram, e eu dormia ainda menos. Após cinco anos de maternidade, percebi que um novo padrão havia sido esculpido em meu cérebro. Meu corpo foi programado para acordar todas as noites por volta das três da manhã, mesmo que as crianças não estivessem acordadas.

Algumas noites, eu acordava para ir ao banheiro e voltava a dormir. Outras, minha mente pensava nas coisas que eu não havia realizado no dia anterior e criava uma lista de tarefas mentais. Às vezes, acordava com veemência, refletindo sobre como eu poderia ter tratado alguém de maneira diferente, repetindo a conversa em minha mente. Em raras ocasiões, eu saía e fazia um inventário mais amplo, examinando e questionando meu estado atual: *Eu estava vivendo bem? Amando bem? Focando o que importava?* Essas perguntas aceleradas pareciam de extrema importância naquelas horas anteriores ao amanhecer, e eu sempre tinha energia para processar cada tópico. Eu procurava meu telefone para escrever minhas conclusões no aplicativo de anotações para poder consultá-las mais tarde.

EU ESTAVA VIVENDO BEM? AMANDO BEM?
FOCANDO O QUE IMPORTAVA?

Com o passar dos anos, minhas reflexões durante o sono se tornaram mais produtivas em termos espirituais. Sentia-me inspirada a orar ou estudar uma Escritura que usaria em uma próxima conversa ou relembrar uma história para um projeto de escrita. Em vez de tratar esses momentos acordada como um incômodo, comecei a assumir que essas interrupções eram *convites* para encontrar algo no qual eu não estava prestando atenção durante o dia.

Aceitei aquilo como minha nova normalidade, dormindo apenas metade da noite, e, embora estivesse sempre exausta, aprendi a viver minha vida com 60% de energia. Com uma dose extra de cafeína de tarde e meio Tylenol à noite, eu podia me recompor e fazer minha falta de sono funcionar, pelo menos quando não estava viajando.

Pelo que pareceu muitos meses seguidos, eu viajava cedo e com frequência. Marcava muitos voos antes do amanhecer, ficava acordada até tarde conversando com mulheres depois dos eventos, dormia mal em quartos aleatórios de hotel e não tinha um ritmo real. Quando retornava para minha família, não havia sobrado nenhuma energia para eles. Quando as crianças chegavam da escola de tarde, sentia como se tivesse sido atropelada por um trem. Eu queria me deitar na cama, dizer aos meus filhos: "Sei que não os vi o dia todo, mas estou cansada." A vergonha que sentia ao enganá-los me levava a seguir em frente com dor de cabeça e pavio curto.

Como eu não descansava o suficiente, tudo parecia angustiante. Até as tarefas mais simples — colocar as louças na máquina de lavar, separar as roupas e escrever um e-mail — pareciam um trabalho árduo. Durante esta temporada sem dormir, roupas e pratos sujos foram se empilhando cada vez mais. Gabe dava um jeito nas coisas, o que aumentava o estresse. Quanto mais responsabilidade eu assumia, menos eu dormia. Quanto menos eu dormia, menos produtiva eu era. Quanto menos produtiva eu era, mais impotente me sentia. Essa impotência me trouxe estresse, ansiedade e uma depressão leve. Meus relacionamentos com aqueles que eu mais amava começaram a sofrer, e, no meio de toda essa confusão, eu comecei a sentir que todo o propósito pelo qual eu havia lutado estava começando a ser roubado de mim.

Então foi aí que eu soube: era hora de levar o sono a sério.

CRIANDO CONDIÇÕES PARA DORMIR

Comecei a pesquisar sobre o sono e percebi o quanto ele era importante. Um estudo de Harvard afirmou que "a falta de sono adequado pode afetar o julgamento, o humor, a capacidade de aprender e reter informações e pode aumentar o risco de acidentes e lesões graves".[1] Além disso, o relatório sugeria que a privação do sono poderia levar a problemas de saúde e até mortalidade precoce. Se havia uma coisa que eu não queria era morrer cedo, por isso levei o sono ainda mais a sério e comecei a ler mais sobre ele.

Em seu livro *A Revolução do Sono*, Arianna Huffington relata: "Quando você encontra depressão, quando encontra ansiedade, mesmo que superficialmente, 80 a 90% do tempo você encontrará também um problema de sono."[2] Huffington mostra como a privação do sono não é apenas um problema para adultos. De fato, ele é agravado na adolescência: "Televisão, videogame, smartphone e tablet foram todos recentemente identificados como agentes que frequentemente perturbam o sono de uma criança, inclusive podem levar à privação total do sono."[3]

Dormir o suficiente é fundamental se queremos ter saúde emocional e mental prolongadas. E todos gostaríamos de dormir noite após noite, mas muitas vezes desconhecemos os simples fatores que contribuem para a nossa falta de descanso, e Huffington também me ajudou a entender isso. Seu livro me ajudou a ver a necessidade de tornar o sono uma prioridade máxima, e comecei a implementar algumas de suas sugestões para criar um ambiente de sono melhor. Comecei a desligar as luzes no final da noite e tentei criar uma sensação de calma no quarto antes mesmo de me deitar na cama.

Fiz o meu melhor para manter os aparelhos eletrônicos afastados da cama e mantive a temperatura do meu quarto abaixo de 21°C. Comecei a tomar banho antes de dormir e acender velas. Eu até escrevia uma lista das coisas que precisava para não acordar horas depois para fazer uma lista mental. Essas coisas pareciam ajudar, mas era apenas o começo.

Criei uma estrutura coerente para organizar meu tempo todos os dias. Passava a manhã fazendo trabalhos criativos e realizava reuniões durante o almoço. À tarde, eu tratava da correspondência e depois fazia uma caminhada rápida. À medida que me tornei mais objetiva com o ritmo dos meus dias, eu caía na cama contente com um dia que fora bom. Em vez de me estressar com arrependimento e ver uma montanha de coisas não realizadas, ia para a cama cansada e com um coração liberto — a maneira perfeita de adormecer. Quando me tornei objetiva com as horas que passava acordada, minhas horas de sono seguiam sem interrupção.

Também comecei a comer melhor. Eu reduzi o consumo de açúcar ao mínimo, especialmente depois do jantar, e compensava isso com bastante exercício, nada menos que 10 mil passos por dia. Isso também parecia ajudar, e, quanto mais eu dormia, mais energia eu tinha para manter esse novo ciclo de sono. Pela primeira vez em anos, eu estava gostando de dormir. Na verdade, comecei a ansiar por isso. Enquanto eu compensava anos de falta de sono e redefinia meus ritmos, comecei a notar o efeito disso em minha vida. Eu era mais produtiva e capaz de acompanhar as tarefas importantes de cada dia. Meu humor também estava melhor, meu pavio não era tão curto com Gabe ou com as crianças. Comecei a ver o *sono* como recompensa por um dia bem vivido. O *sono* era o convite, não a ligação da madrugada. E, enquanto eu dormia mais e mais, pude sentir a ansiedade, o estresse e o caos do meu mundo interno se dissipando.

QUANDO ME TORNEI OBJETIVA COM AS HORAS QUE PASSAVA ACORDADA, MINHAS HORAS DE SONO SEGUIAM SEM INTERRUPÇÃO.

Ansiedade ou depressão leves o seguem aonde quer que você vá? Você costuma se distrair, incapaz de seguir uma linha única de pensamento? Você tem um temperamento com pouca paciência, perdendo-a diariamente com seus colegas de trabalho, filhos e cônjuge? Investigue. Pergunte a si mesmo: *estou dormindo o suficiente?* Se você não estiver dormindo entre sete e nove horas, altere seus ritmos e rotinas e faça do sono uma prioridade. Isso fará toda a diferença.

↗ PARA REFLETIR ↖

1. QUANTAS HORAS DE SONO VOCÊ TEM POR NOITE? SE FOREM MENOS DE 7, POR QUÊ?

2. QUAL É SUA ROTINA NO QUARTO? COMO VOCÊ PODE CRIAR UMA SENSAÇÃO DE CALMA ANTES DE IR PARA A CAMA?

3. COMPROMETA-SE A TORNAR O SONO UMA PRIORIDADE. ESCREVA UMA LISTA DE COISAS QUE VOCÊ FAZ PARA VERIFICAR QUE ESTÁ SE ACALMANDO ANTES DE IR PARA A CAMA. ENTÃO, ESCOLHA SUA HORA DE DORMIR E DE ACORDAR, E AS SIGA.

ROTINA MATINAL

CAFÉ, VELAS E UMA CANETA

CAPÍTULO 6

CAPÍTULO 6

ROTINA MATINAL

CAFÉ, VELAS E UMA CANETA

A primeira hora da manhã é o leme do seu dia.

—HENRY WARD BEECHER

Adoro acordar cedo, mas nem sempre foi assim. Durante anos, na juventude, me rebelava contra o alarme das seis da manhã. Porém, como mãe de crianças e adolescentes, agora sou a primeira a acordar, geralmente alguns momentos antes do amanhecer. Adoro quando a casa está quieta e reverente e, nos dias em que tenho a sorte de ver o primeiro brilho alaranjado no horizonte, sorrio. Acredito que Deus sorri de volta. Mesmo quando tenho uma semana em que nada parece dar certo, Jesus está por perto.

Todas as manhãs, o café é coado, a cadência reconfortante da água quente pinga nos grãos moídos na hora e ecoa na cozinha vazia. Quando termina, despejo o café em uma garrafa fechada para mantê-lo quente pelo maior tempo possível. Acendo uma vela ou a lareira, dependendo da estação. Se está frio, estendo um cobertor grosso em frente ao fogo e acalmo meu coração enquanto me ajoelho na postura da criança, braços estendidos sobre a cabeça, palmas para cima.

Um livro de liturgias com várias páginas marcadas está em nossa mesa de café, um presente do Natal anterior. Em muitas manhãs, sussurro minha passagem favorita de *Every Moment Holy*, de Douglas McKelvey, para centralizar minha mente e coração.

> Encontre-me, oh, Cristo, na calmaria da manhã.
> Mova-me, oh, Espírito, para acalmar meu coração.
> Sare-me, oh, Pai, do mal de ontem.
> Das discórdias de ontem, ressuscite minha paz.
> Do desalento de ontem, ressuscite minha esperança.
> Da fadiga de ontem, ressuscite minha força.
> Das dúvidas de ontem, ressuscite minha fé.
> Das feridas de ontem, ressuscite meu amor.
> Deixe-me entrar neste novo dia, consciente da minha necessidade e atento para a sua graça, oh, Senhor. Amém.[1]

Uma vez na presença de Deus, não sinto urgência em me retirar à medida que as orações fluem livremente. Pergunto, ouço e espero. Não há outro lugar para estar, nua e sincera, a não ser diante do coração de nosso Pai. Nesses momentos, Deus vê tudo, antes do caos e confusão diários, antes de qualquer medo ou desilusão. Lá, Ele se abaixa para nos encontrar em nosso desejo. Ele nos dá força para nos ajudar a superar tudo.

Se possível, começo todos os dias dessa maneira. A oração me concede acesso ao conforto do Espírito Santo, um bálsamo que transcende tempo e espaço, reputação e raça. Nesses momentos, Jesus repara, restaura, redime e ressuscita.

Minha rotina matinal começa com a oração, porque ela me leva ao conforto e me protege do ciclo de ambição, estresse e ansiedade do mundo. Isso enraíza em meu dia plenitude, em vez de insuficiência. Quando está tudo enraizado, vou para o meu diário.

> A ORAÇÃO ME CONCEDE ACESSO AO CONFORTO DO ESPÍRITO SANTO, UM BÁLSAMO QUE TRANSCENDE TEMPO E ESPAÇO, REPUTAÇÃO E RAÇA.

Acredito que todos nós fazemos diários de maneiras diferentes, mas, muitas vezes, escrevo meu diálogo com Deus. Cada registro começa com o local, a hora e a data. Por mais que essas anotações me ajudem a identificar o rumo de um determinado dia, sei que servirão como lembretes da fidelidade de Deus nos próximos. (Minhas anotações remetem a mais de uma década.)

Contudo, não paro apenas com a oração e com o diário. Todas as manhãs, recorro à Palavra de Deus, que nutre minha alma e me enche após os acontecimentos do dia anterior. Por meio das Escrituras, aprendo quem Ele me fez ser. Aprendo a viver uma vida que se parece mais com a de Cristo. Aprendo como amar bem aos outros — Gabe, minha família, o mundo ao meu redor.

Como abordo a Bíblia? Cada dia é um pouco diferente. Às vezes, escolho uma passagem e me delimito a ela, ou uma longa seção de Salmos. Às vezes, leio um livro inteiro por vez do Antigo ou do Novo Testamento. Mas, todos os dias, o tempo que passo lendo as Escrituras é como a mesa posta por Deus no Salmo 23. É um banquete que o Pai me ofereceu, ofertando-me tudo o que precisarei para me preparar para o resto do dia.

O último passo da minha rotina matinal é gratidão — agradeço. É uma prática que veio independentemente da minha leitura das Escrituras. No verão, antes de escrever este livro, velhas preocupações começaram a me assombrar, senti o estresse e a ansiedade surgindo. Mas uma manhã acordei com estas palavras nos lábios: "Não andem ansiosos por coisa alguma, mas em tudo, pela oração e súplicas, e, com ação de graças, apresentem seus pedidos a Deus. E a paz de Deus, que excede todo o entendimento, guardará os seus corações e as suas mentes em Cristo Jesus."[2] Quando eu passava um tempo com a Palavra de Deus, sentia o Espírito Santo me convidando a esquecer minhas ansiedades e agradecer pela libertação que ele estava me trazendo, mesmo que eu ainda não pudesse ver. E então iniciei meu objetivo diário de agradecer — pelas coisas que já aconteceram, pelas coisas que estavam acontecendo e pelas coisas que viriam. Culminando minha rotina matinal com uma pequena lista de gratidão e uma oração final de agradecimento, saio pronta para enfrentar o dia.

GANHANDO ESPAÇO PARA O CONSOLADOR

Penso no que Jesus disse a seus discípulos no Cenáculo, no que eu gosto de chamar de seu "grande discurso inicial". Ao longo daquela longa refeição, ele lavou os pés de seus discípulos, serviu a Comunhão e contou a eles tudo o que eles precisariam saber quando chegasse a hora de ele retornar ao seu Pai. Esta seria sua última refeição juntos antes de sua prisão e crucificação.

Uma das seis coisas que ele prometeu a seus seguidores foi o dom do Espírito Santo, o consolador e advogado. Penso nisso toda vez que crio um espaço para Deus em meus momentos calmos antes do amanhecer. Às vezes, começo o dia vencida pela dor, pela insegurança, pelo desânimo, pela solidão, e tudo o que quero é me ajoelhar e implorar por sua graça e cura. Há dias em que preciso processar minhas falhas do dia anterior.

Às vezes, preciso de incentivo para o dia seguinte. Entretanto, independentemente da situação, começo a manhã antecipando um encontro com o Espírito Santo, que traz todo o conforto e orientação de que preciso. Mesmo nos meus momentos de confissões chorosas, ele está lá.

Deus promete ser nosso consolador e ajudante, mas temos que dar a ele a oportunidade de fazer exatamente isso. Se não abrirmos espaço para ele, se não o incorporarmos à nossa rotina, como ele vai nos encontrar onde mais precisamos?

QUAL É SUA ROTINA MATINAL?

Uma rotina matinal define a estrutura para os nossos dias. Quando começamos nossos dias passando um tempo com Deus, com seu conforto, seu ritmo, seu tempo, isso nos cura. Não há roteiro, competição ou regras. Só há paz, coragem e força para o dia seguinte.

> DEUS PROMETE SER NOSSO CONSOLADOR E AJUDANTE, MAS TEMOS QUE DAR A ELE A OPORTUNIDADE DE FAZER EXATAMENTE ISSO.

Qual é sua rotina matinal? Você se levanta tarde, corre com pressa de sair pela porta e começar as demandas do dia? Ou leva o dia mais devagar, se acomoda no ritmo de Deus e deixa que Seu conforto dite a velocidade? Se você se vê na primeira situação, considere fazer uma mudança. Durma mais na noite anterior para acordar empolgado, pronto para passar um tempo com seu Criador. Encontre-o com expectativa, pronto para ouvir o que Ele tem a dizer. Encontre-o em oração, em diário, nas Escrituras, em gratidão. Ao encontrá-lo, espere que leve conforto à sua ansiedade.

↗ PARA REFLETIR ↖

1. COMO UMA MANHÃ TÍPICA COMEÇA PARA VOCÊ? SUA ROTINA MATINAL É APRESSADA E AGITADA OU COMEÇA NA PAZ E CALMA DO TEMPO COM DEUS?

2. COMO VOCÊ PRATICA GRATIDÃO? SE ISSO NÃO FAZ PARTE DA SUA ROTINA, SEPARE UM TEMPO AGORA PARA EXPRESSAR SEU AGRADECIMENTO A DEUS.

3. SE VOCÊ ACREDITASSE QUE PODERIA COMEÇAR BEM A MANHÃ NO CONFORTO DE DEUS, COMO PRIORIZARIA SEU TEMPO PARA FAZER COM QUE ISSO SE TORNASSE REALIDADE?

DÊ UMA PAUSA NO TRABALHO

PRATIQUE O SABÁ

CAPÍTULO 7

CAPÍTULO 7

DÊ UMA PAUSA NO TRABALHO

PRATIQUE O SABÁ

Um mundo sem o sabá seria como um homem sem sorriso, como um verão sem flores e como uma casa sem jardim. É o dia mais alegre da semana.

—HENRY WARD BEECHER

Quando o sol de sexta-feira começou a se pôr em Jerusalém, o Muro das Lamentações estava lotado com famílias devotas oferecendo suas orações finais antes do crepúsculo. Alguns minutos depois, nós caminhamos da Cidade Antiga até o lugar em que jantaríamos, escutando sons festivos enchendo o ar, desde crianças brincando nas ruas até homens apressados indo para suas casas antes do pôr do sol. O sol se pôs, o barulho se dissipou e a paz se estabeleceu. Mas a nossa noite estava prestes a começar.

Um grupo de amigos e eu estávamos visitando a Terra Santa pela primeira vez, envoltos por um mundo antigo com cenários e cheiros ricos que envolviam nosso mundo moderno. No final de nossa caminhada de 15 minutos, entramos em uma casa onde fomos recebidos por anfitriões calorosos e amigáveis, novos amigos que nos convidaram para experimentar um jantar tradicional do *Shabat* (hebraico para Sabá).

Após uma oração cerimonial de bênção, nos banqueteamos com vários pratos deliciosos, incluindo Challah, salmão assado, homus, beterraba dourada, berinjela grelhada, frango assado e filé Ribeye com batatas assadas com alecrim. Com leituras, velas e músicas, o casal nos convidou a participar de sua rica tradição. Cada prato transbordava de generosidade e significado. Senti-me atraída pela cultura hebraica, grata pela experiência de incorporar o Sabá com reverência, desejo e alegria.

Ponderei sobre as palavras escritas pelo profeta Isaías e como nossos novos vizinhos estavam desfrutando de seu conselho:

"Se você vigiar seus pés para não profanar o sábado e para
não fazer o que bem quiser em meu santo dia;
se você chamar delícia o sábado e honroso o santo dia
do Senhor, e se honrá-lo, deixando de seguir seu
próprio caminho,
de fazer o que bem quiser e de falar futilidades,
então você terá no Senhor a sua alegria,
e eu farei com que você cavalgue nos altos da Terra e se
banqueteie com a herança de Jacó, seu pai. Pois é o
Senhor quem fala."[1]

Eu havia acabado de entrar em um verdadeiro Sabá — em Jerusalém, quem diria! Bem no meio das ruas por onde Jesus andou, vivemos uma noite profunda que nunca esquecerei.

SABÁ COMO UM VERBO

Se existe um ritmo que podemos adotar depois de aprender a reservar um tempo para descansar, é este. Nós devemos realizar o Sabá. Essa prática é essencial para nossa capacidade de crescer no que diz respeito à saúde mental, emocional e espiritual. Não podemos nos apressar se não descansarmos. Se incluirmos todos os outros hábitos em nossas vidas e deixarmos de adotar este, colocaremos todo o resto em risco.

A palavra *Sabá* é derivada da palavra hebraica *Shabat*, o dia em que Deus ordenou que o povo judeu descansasse. Eles deveriam parar de trabalhar do pôr do sol de sexta-feira até o pôr do sol de sábado. Esse dia seria para sempre o dia de descanso deles, um lembrete simbólico e vivo de como até Deus descansou depois de completar seis dias de criação.

NÃO PODEMOS NOS APRESSAR SE NÃO DESCANSARMOS.

Descansar não é sinal de fraqueza. No entanto, nossa cultura sussurra o oposto: se nos esforçarmos mais, trabalharmos de maneira mais inteligente, seguirmos a carreira certa, conseguirmos mais um diploma, trabalharmos horas extras, nos conectarmos com os influenciadores e buscarmos nossos sonhos, poderemos ter uma vida significativa. Contudo, Deus declara que *já* somos escolhidos, amados, eleitos e únicos. Ele deu a nossas vidas propósito e intenção. Não precisamos nos apressar para provar que algo que Deus diz é verdade.

Seu valor como ser humano não é ditado *pelo que você produz*, mas sim em *quem você é em Cristo* — uma pessoa projetada à imagem de Deus para glorificá-lo sempre. Desde o início, Deus projetou sua criação para ser mais abundante, realizada e alegre quando trabalhamos em um local de descanso e renovação.

NÃO PRECISAMOS NOS APRESSAR PARA PROVAR QUE ALGO QUE DEUS DIZ É VERDADE.

As Escrituras estão repletas de exemplos em que Deus levou esse ritmo de descanso e renovação para toda a criação. Isso aconteceu, por exemplo, quando ele criou o mundo em seis dias e descansou no sétimo.[2] Em Êxodo 23:12, as Escrituras declaram: "Em seis dias façam os seus trabalhos, mas no sétimo não trabalhem, para que o seu boi e o seu jumento possam descansar, e o seu escravo e o estrangeiro renovem as forças."

Porém, mesmo que você não seja adepto da fé cristã ou judaica, a ciência apoia o brilhantismo desse ritmo ordenado por Deus. Por exemplo, os agricultores sabem que seus campos precisam descansar em um intervalo de anos, a fim de restaurar os nutrientes do solo para um bom crescimento.[3] Quando permitem que um campo fique em repouso por um ano, os seis anos seguintes produzem muito mais do que se tivessem tentado manter o campo produtivo naquele sétimo ano. Quando intencionalmente guardamos o Sabá — paramos de nos esforçar tanto —, criamos espaço para a cura, a integridade e o descanso. É uma verdade incorporada ao design de todas as coisas.

COMO CRIAR UM RITMO PARA O SABÁ

Então, como o Sabá se torna parte de seu ritmo diário, semanal, mensal e anual?

Nossos amigos judeus levam o Sabá a sério e o planejam com antecedência. Aprecio sua determinação. Eles compram o que precisam, preparam as refeições, terminam o trabalho e antecipam as noites de sexta-feira. Quando o sol atinge o horizonte, eles estão prontos! Aproveitam essas 24 horas ao máximo, deixando de lado todo o trabalho, aquisições e produtividade. Esse tempo alocado é precioso e crítico para a vida, a saúde e a vitalidade de sua comunidade.

Para a maioria de nós, no entanto, demandas constantes, horários, viagens e tarefas tornam quase impossível criar um ritmo perfeito para o Sabá. O que funciona para uma pessoa ou para uma família pode não funcionar para outras. Ainda assim, você pode fazer o possível para ser objetivo quanto ao descanso e à renovação. Afinal, se não for planejado, o descanso do Sabá não acontecerá.

Essa prática não precisa ser restrita a apenas um ritmo semanal. Você também pode desenvolver um plano para uma prática trimestral e anual. Esses padrões de pausa ajudam a garantir que sua vida, família e relacionamentos estejam recebendo os benefícios vivificantes de um tempo ininterrupto.

Mostro a seguir como Gabe e eu tentamos fazer isso.

Toda semana, paramos de trabalhar para focar nosso relacionamento durante o café da manhã ou no almoço. De vez em quando, saímos apenas nós dois para jantar. Também garantimos que haja pelo menos uma "noite em família" nos fins de semana, geralmente um final de tarde e uma noite dedicados a apenas nós seis. Deixamos de lado qualquer coisa digital e passamos nosso tempo juntos jogando um jogo de tabuleiro, sentados ao redor da lareira e cantando músicas ou dançando no karaokê. Na maioria dos fins de semana, fazemos uma caminhada em família no bosque, algo que aprendi com Eugene Peterson, que descreveu as caminhadas em família como parte essencial do ritmo do Sabá.[4]

De quatro em quatro meses, arranjamos tempo para nós dois tirarmos um dia inteiro de folga. Isto nem sempre é possível por causa de nossos horários e responsabilidades, mas descobrimos que, quando nos afastamos do mundo e nos conectamos, reconcentrando nosso foco nas nossas metas, obtemos uma perspectiva crítica quando paramos para ponderar e expressar como cada um de nós está *realmente* se saindo.

Anualmente, Gabe e eu tentamos fugir por alguns dias ou um fim de semana prolongado para ter um tempo apenas para nós. Seus pais ajudaram a tornar isso possível quando as crianças eram mais novas, e agora tentamos agendar nossa fuga enquanto nossos filhos estão no acampamento de verão. Durante esses momentos de descanso e renovação, Gabe abria seu coração para mim de maneiras que nunca imaginei possíveis — e provavelmente não teriam sido possíveis sem esses dias prolongados de tempo sozinhos. Parar o trabalho dá ao nosso casamento um reajuste anual. Esses dias são mágicos para nós. Nossas conversas são mais profundas do que aquelas que temos na urgência da vida. Vamos além da superfície, em direção ao interior de nossos corações.

Se você não tiver um familiar que possa ficar com seus filhos por alguns dias e se os acampamentos de verão estiverem fora de cogitação, outra solução pode ser pedir ajuda de amigos de confiança durante uma noite no fim de semana. Fazíamos isso quando nossos filhos eram pequenos. Eles adoravam fazer uma festa do pijama com seus amigos, e os adultos ficavam felizes em trocar uma noite com o dobro dos filhos por uma noite sem filhos.

Também temos um ritmo anual do Sabá para toda a família. Durante dezembro e julho, deixamos de lado as viagens de trabalho e, intencionalmente, passamos um tempo juntos como uma família. Podemos fazer um passeio noturno a algum lugar próximo ou sair de férias em família. Na maioria das vezes, não viajamos, mas programamos noites e fins de semana com caminhadas, concertos, passeios de bicicleta, esportes, minigolfe, filmes e, é claro, um passeio dinâmico pelos nossos restaurantes favoritos de Nashville. Nossos filhos sabem que, mesmo quando esses meses estão cheios de compromissos, Gabe e eu reservamos um tempo ininterrupto para nossa família ficar junta. Ao criar esse ritmo e colocá-lo em nossa programação anual, ficamos focados em um plano que dá vida a cada membro de nossa família.

Essa prática de descanso no Sabá é frequentemente negligenciada nesta era ansiosa. No entanto, se deseja manter sua saúde emocional, física e espiritual, é importante se reconectar com você, Deus, sua família e sua comunidade. Mas o Sabá — tanto em um dia específico da semana quanto em um planejamento de vários dias — pode nos dar o espaço necessário para entender que nossa vida não está enraizada no trabalho, na produtividade ou na aquisição. Nosso valor é encontrado no Deus que nos ama, que criou o descanso para o nosso bem.

Você está conseguindo encontrar maneiras de praticar o Sabá? Caso não esteja, reserve um momento para planejar como abrirá espaço para esse ritmo nos próximos meses. Enquanto pratica, pergunte a si mesmo: "Este descanso está me libertando das ansiedades típicas do nosso mundo agitado?" Se a sua experiência for parecida com a minha, os resultados falarão por si mesmos.

↗ PARA REFLETIR ↖

1. O QUE O IMPEDE DE SEPARAR UM DIA PARA REALIZAR O SABÁ?

2. QUAIS SÃO AS BARREIRAS QUE O IMPEDEM DE TER UM DIA DE DESCANSO? É O SEU TRABALHO? A PRESSÃO DAS ATIVIDADES EXTRACURRICULARES? SEJA ESPECÍFICO.

3. COMO A PRÁTICA DO SABÁ PODE SER BENÉFICA PARA VOCÊ E PARA SUA FAMÍLIA?

RITMO DOIS

RESTAURAÇÃO

O ritmo do descanso é o fundamento da renovação. Sem descanso, ficamos à beira do esgotamento e lutamos para atender às demandas de uma vida energizada pelo Espírito. No entanto, quando adotamos um ritmo consistente de descanso, encontramos o potencial para sermos restaurados — o ritmo de entrada, de que falaremos a seguir. A restauração nos reabastece fisicamente, fortalece nossa saúde mental e nos capacita a nos envolvermos emocionalmente.

Restaurar é "retornar a um estado de saúde, sanidade ou vigor, retornar a um local anterior ou a uma posição anterior".[1] Os sinônimos incluem *reiniciar, reformar, reparar* e *rejuvenescer*.

Uma das minhas passagens favoritas nas Escrituras sobre restauração está em Isaías 58:11-12:

> O Senhor o guiará constantemente; satisfará os seus desejos numa terra ressequida pelo sol e fortalecerá os seus ossos.
> Você será como um jardim bem regado, como uma fonte cujas águas nunca faltam.

> Seu povo reconstruirá as velhas ruínas e
> restaurará os alicerces antigos; você será chamado
> reparador de muros, restaurador de ruas e moradias.

Que cena incrível!

Precisamos desesperadamente de restauração. A agitação da vida nos mantém em constante movimento, desgastando nossos corpos, mentes e espíritos. E, enquanto eles se esgotam, ouvimos uma mensagem clara da sociedade de que devemos descartar as coisas que estão desgastadas e usadas, substituindo-as por algo novo.

Percebe o problema? Não podemos comprar um novo corpo, mente ou espírito na Amazon. Não podemos desperdiçar nossa saída do esgotamento. Em vez disso, precisamos restaurar os dons que Deus nos deu, os dons de nossos corpos, mentes e almas.

Deus não nos criou para participar do ciclo de desgaste do mundo, da cultura do consumo constante que leva a tanto desassossego. Em vez disso, ele nos fez engajar em ritmos regulares de restauração física, intelectual, emocional e espiritual, ritmos que nos tiram da agitação do mundo e nos enchem (e o mundo ao nosso redor) de vida.

EM VEZ DISSO, PRECISAMOS RESTAURAR OS DONS QUE DEUS NOS DEU, OS DONS DE NOSSOS CORPOS, MENTES E ALMAS.

Nesta seção, seremos lembrados de quem Deus diz que somos e de Sua promessa de restauração. Vamos aprender maneiras de restabelecer uma vida plena, comer de forma inteligente, nos esforçar e construir músculos firmes e ossos fortes. Vamos encontrar a plenitude da aventura, brincar e conversar sobre como aguçar nossas mentes. Quando nos submetemos a esses ritmos de restauração de nossos corpos, mentes e espíritos, encontramos nova energia mental e força emocional no meio do ciclo de desgaste do mundo.

Como podemos ser restaurados? Vamos descobrir.

PERMISSÃO PARA SE DIVERTIR

RENUNCIANDO O CONTROLE

CAPÍTULO 8

CAPÍTULO 8

PERMISSÃO PARA SE DIVERTIR

RENUNCIANDO O CONTROLE

É um bom talento saber como brincar.

—RALPH WALDO EMERSON

Acordei às quatro da manhã, saí apressada pela porta, entrei em um Uber e fui até o aeroporto O'Hare de Chicago. Em um estupor sonolento, cochilando na parte de trás do carro, refleti sobre os últimos meses. Havia acabado de terminar minha 14ª viagem em menos de 12 semanas e ainda restavam duas antes do feriado. Mas, antes desses dois últimos eventos, Gabe e eu faríamos uma pausa, um encontro com amigos queridos em uma fazenda em Sedalia, Colorado — e, *nossa!,* como eu precisava disso. Eu estava gerenciando muitas coisas — minha logística de viagens, estudo, escrita, palestras e minha família —, normalmente a centenas de quilômetros de distância. Eu já estava fadigada, pronta para me libertar de tudo e me divertir um pouco. Este fim de semana era exatamente o que o médico pediu.

Cheguei a Denver e parti em uma jornada de duas horas para um refúgio nas montanhas. No meio do caminho, Gabe ligou para conversar e disse-me que chegaria quando o grupo havia marcado um passeio a cavalo em uma trilha pelas colinas. Eu gostaria de acompanhá-los?

Eu havia dormido apenas quatro horas na noite interior (e quatro na noite antes dessa), e deitar na cama me parecia mais atraente do que andar a cavalo. Mas eu sabia que essa era uma oportunidade rara para desperdiçar, então eu disse que sim.

O motorista me deixou no celeiro, onde o guia me encontrou, colocou minha sela e ofereceu uma lista de opções de passeio, do iniciante ao avançado. Como não sou uma amazona habilidosa, solicitei o passeio intermediário. "Os cavalos podem sentir o cheiro do medo a quilômetros de distância", disse nosso guia, enquanto me colocava na sela do meu cavalo, chamado Amigo, e eu me acomodava. Respirei fundo e dei um tapinha no meu companheiro marrom na lateral do pescoço. "Vamos ter um dia ótimo", sussurrei em seu ouvido.

Enquanto seguíamos pela trilha, o guia começou com o básico. Reaprendi a guiar, andar e depois conduzir um trote. O ar do outono estava fresco e o céu, azul-claro, enquanto praticávamos repetidamente em um campo aberto. O guia era paciente comigo, e, à medida que fiquei mais confortável com meu cavalo, comecei a soltar os punhos e apertar com as pernas. Quando soltei minhas mãos do pito da sela e relaxei, minha empolgação aumentou.

O guia decidiu que eu estava pronta para experimentar um galope, uma pequena corrida como aquelas que você veria em um filme do Velho Oeste (e não o que eu considero um passeio "intermediário"). Apesar dos meus protestos, ele não me deixou escapar: "Confie em mim, você vai adorar", disse ele.

Adorar? Tudo bem, sei.

À medida que aceleramos, eu me senti fora de controle, que é a *pior* sensação para uma maníaca por controle como eu. Quase caindo de lado do cavalo, gritei: "Pare!" Ao contrário de trotar, o que exige que você *faça* alguma coisa, controle alguma coisa, galopar, aparentemente, é o oposto. O guia me disse que, ao galopar, eu precisava permitir que o cavalo assumisse a responsabilidade enquanto relaxava na sela. Assenti, ainda desconfortável. Pouco antes de o cavalo disparar pela segunda vez, sussurrei uma oração: *Deus, por favor, remova todo o meu medo hoje. Quero aproveitar sua criação, como filha, selvagem e livre. Substitua o medo por alegria!*

Amigo ganhou velocidade e, enquanto eu relaxava nas cadências de três compassos, meu braço direito se abriu como uma garota de rodeio. O vento soprava no meu cabelo. A luz do sol estava quente nas minhas bochechas e eu sorria. Um sorriso? Uau! Depois de perceber isso, comecei a gargalhar, uma risada cheia de alegria. Desisti da minha necessidade de controle e pude experimentar a beleza desse animal selvagem correndo livremente. Foi emocionante! Foi libertador!

Quando terminamos o passeio, Amigo e eu já éramos melhores amigos. Eu já estava planejando o galope do dia seguinte no meu fiel cavalo, mas naquela noite, depois de um farto jantar de cordeiro e arroz selvagem, o guia passou em nossa mesa para me dizer que ele já havia prometido Amigo a alguém no dia seguinte. Fiquei arrasada. Amigo era *meu* cavalo, o cavalo que me ajudou a superar meu nervosismo.

No dia seguinte, me arrumaram Newcastle, um cavalo cinza e branco com um temperamento mais doce. Partimos, lentos e preguiçosos, subindo a montanha, o guia liderando um grupo de quatro pessoas cume acima. Ele estava na frente do grupo, montando um cavalo que havia quase derrubado outro guia no dia anterior, e eu estava andando logo atrás dele, subindo uma montanha íngreme com trilhas não mais largas que uma pegada. O que aconteceria se o cavalo dele ficasse assustado? O meu também ficaria?

A ansiedade apareceu. De quantas maneiras aquilo podia dar errado? Será que o cavalo poderia perder o equilíbrio e cair montanha abaixo? Ele poderia me derrubar e me jogar pelo penhasco?

Encarei a situação e, momento após momento, demonstrava firmeza e fazia o meu melhor para reunir coragem. Para mim, a bravura tem uma definição simples: enfrentar as coisas mesmo quando estamos assustados. Então rezei novamente: *Deus, você sabe o quanto desejo desfrutar da sua criação, e ontem eu tive esperança. Ajude-me a me libertar desses "e se...". Ajude-me a me libertar da minha tendência de controle. Cubra-me de paz para que eu possa aproveitar cada parte deste passeio.*

> **BRAVURA É ENFRENTAR AS COISAS MESMO QUANDO ESTAMOS ASSUSTADOS.**

Após essa oração, tomei uma decisão consciente: confiaria que Deus tinha o controle de tudo e permitiria que essa verdade me ajudasse a relaxar. Então, enquanto subíamos a montanha, mantive minha mente à vontade, conversando com o casal ao meu lado. Compartilhamos histórias sobre a maternidade, casamento e atividades ao ar livre. Parei de me concentrar no medo ou no controle e foquei o passeio, e, quando nos aproximamos do topo da montanha, era hora de galopar novamente. Com instruções extras, partimos. Relaxei meu corpo novamente, sentei-me na sela, a mão direita estendida para me dar equilíbrio. Depois de mais alguns galopes, eu sorria novamente.

➔ PERMISSÃO PARA SE DIVERTIR | 81

No topo da colina, depois de um monte de fotos incríveis, o guia perguntou com um brilho nos olhos: "Você está pronta para uma corrida longa e rápida?" Meu coração disparou. Claro que sim. Embora o medo estivesse por perto, uma onda de confiança o afastou. *Vamos lá!* Nós galopamos pelo que pareceu ser a corrida mais longa, girando e virando ao longo do topo da colina, pegando ritmo. Eu gritei e bramei para aquela experiência alucinante, querendo que ela nunca acabasse.

Que alegria, correr livre, leve e solta! Se era isso que se divertir significava, eu gostaria de mais. O passeio me levou de volta à minha infância, antes que a necessidade de controle tomasse conta de mim, antes que eu aprendesse a ter medo. Quando não faltava confiança ou imaginação, quando pequenos atos de coragem estavam presentes todos os dias.

DIVERSÃO E CONTROLE NÃO PODEM COEXISTIR.

Ao refletir sobre minha experiência no rancho, concluí algumas coisas. Entre elas está o seguinte: diversão e controle não podem coexistir. Com medo de correr o risco, de perder o controle, muitas vezes sinto falta de oportunidades de me divertir, o que é uma pena, porque a diversão que nos tira de nossas rotinas estressantes e nos rejuvenesce. É uma peça que muitas vezes restaura nossa liberdade e alegria.

A IMPORTÂNCIA DA DIVERSÃO

A importância do brincar para as crianças está bem clara. Assumimos que as crianças deveriam brincar, mas e os adultos? Não devemos ser adultos maduros e responsáveis? É assim que muitos de nós vivemos, mas os pesquisadores estão documentando os benefícios da brincadeira para adultos e descobrindo que "brincar não é brincadeira, também pode ser um meio importante de reduzir o estresse e contribuir para o bem-estar geral".[1] Lynn Barnett, pesquisadora e professora de recreação, esportes e turismo da Universidade de Illinois em Urbana-Champaign, escreveu: "Adultos altamente brincalhões sentem os mesmos fatores estressantes que qualquer outra pessoa, mas parecem experimentar e reagir a eles de maneira diferente, permitindo que sejam liberados mais facilmente do que aqueles adultos menos brincalhões."[2] Outro estudo concluiu que o humor em adultos contribui para sua resiliência, um dos grandes atributos necessários para lidar com as demandas e o estresse do século XXI.[3]

Vamos ser honestos: brincar parece infantil, pelo menos para mim. Contudo, acabei percebendo que brincar é crítico. Por quê? Porque nos força a desistir do controle. Nossa tendência é não querer abrir mão do controle — controle do trabalho, controle dos relacionamentos, controle da família, controle da logística, controle do medo, controle do que quer que seja. Afinal, ser adulto não quer dizer administrar nossas vidas? Então nos mantemos firmes, mas essa rédea curta apenas leva a mais ansiedade, mais estresse.

ARRUMANDO ESPAÇO PARA DIVERSÃO

A diversão pode se tornar nosso mestre, se permitirmos. Podemos permitir que ela nos mostre que as coisas não desmoronam quando deixamos o controle de lado e nos damos um pouco de espaço e liberdade. Ao fazê-lo, deixamos o estresse e a ansiedade do gerenciamento e do controle desaparecer, mesmo que apenas por um tempo. Mas se isso for uma realidade em nossas vidas, precisamos orar para ter a coragem de nos tornarmos crianças novamente. Se o fizermos, descobriremos que a liberdade das crianças — do estresse, da ansiedade e dos momentos de aflição — estava esperando por nós o tempo todo. Embora os fatores de estresse possam não desaparecer, podemos desenvolver um ritmo que nos ajude a tornar-nos mais resistentes ao lidar com eles.

O que você está tentando controlar ou gerenciar? Você consegue nomear? Isso traz estresse à sua vida? Hoje, mesmo que por apenas alguns minutos, encontre maneiras de se libertar do controle e do gerenciamento e se deixe levar por brincadeiras despretensiosas. Considere um divertido jogo de tabuleiro em família ou pular no trampolim, se tiver um. Escolha um instrumento musical para tocar por diversão ou toque com sua família — é isso que nós fazemos. Entre um violão, ukulele e o programa *band in a box*, todos na nossa família recebem um instrumento. Nós também temos um karaokê em nossa sala de estar, com uma bola de discoteca conectada que espalha luzes no teto ao ritmo da música. Nossos filhos mantêm essa máquina a todo vapor com apresentações solo e um microfone.

Para uma diversão que necessita de mais preparação, pegue sua raquete de tênis ou vá até uma piscina e salte do trampolim. Ande a cavalo, se houver um estábulo por perto, ou brinque com frisbee no quintal. Seja o que for, reserve um tempo para brincar e veja se você não encontra alívio e rejuvenescimento ao se libertar, deixar o controle de lado e experimentar um pouco de seu próprio ritmo. Veja se isso não o revigora, restaura sua mente e lhe dá uma nova energia para voltar às ocupações do mundo.

↗ PARA REFLETIR ↖

1. QUANTO TEMPO DA SUA SEMANA VOCÊ SEPARA PARA SE DIVERTIR?

2. QUAL FOI A ÚLTIMA VEZ QUE VOCÊ FEZ UMA PAUSA NO TRABALHO PARA SE DIVERTIR — JOGAR BASQUETE, JOGOS DE TABULEIRO, QUALQUER COISA? QUAL IMPACTO A DIVERSÃO TEVE EM VOCÊ?

3. VOCÊ TEM ALGUM TEMPO RESERVADO PARA BRINCAR NA PRÓXIMA SEMANA? SE NÃO, SEPARE UM TEMPO E ESCOLHA UMA ATIVIDADE PARA REALIZAR. PARA MAIORES GANHOS, GARANTA QUE SEJA UMA ATIVIDADE COMPLETAMENTE DESPRETENSIOSA.

COMA DE FORMA INTELIGENTE

COMIDA PARA O CÉREBRO

CAPÍTULO 9

CAPÍTULO 9

COMA DE FORMA INTELIGENTE

COMIDA PARA O CÉREBRO

Uma pessoa não pode pensar bem, amar bem, dormir bem, se não houver jantado bem.

—VIRGINIA WOOLF

Minha primeira memória de consciência corporal é da sétima série. Eu estava na aula de educação física, usando o short curtíssimo azul-escuro de poliéster. Eu tinha que correr 1,5km com aqueles shorts que pinicavam, no sol escaldante da Flórida. Contornei o campo de futebol na quarta volta, minhas coxas se friccionando e queimando uma contra a outra. *O que está acontecendo? Por que minhas pernas estão se encostando e queimando?*, pensei.

Isso foi muito antes de eu entender o conceito de espaço entre as coxas.

Eu não estava acostumada a usar shorts tão ousados. Cresci em uma casa conservadora, em que *culottes* eram substituídos por shorts. Você já ouviu falar de *culottes*? Quando uma saia quer ser short e calça ao mesmo tempo, e todas as festas acham o máximo? *Culottes* eram tão especiais e raras que só se podia adquirir essas maravilhas esvoaçantes e antiquadas costurando-as em casa na máquina de costura com um molde de papel de seda, tecido cortado à mão e uma boa dose de paciência. Eu tinha um par especial cor de lavanda, que era usada por mim e por minhas amigas da escola. Nós desgastamos cada pedacinho daquelas belezuras.

Mas, naquele dia, com o short curtíssimo que pinicava? Algo estalou no meu cérebro. Minhas pernas não estavam bem. Comecei a olhar para as pernas de todas as outras pessoas: elas eram longas, magras e musculosas. Como eu nunca havia notado isso antes? Como eu conseguiria um par igual? Algo precisava mudar.

Por fora, a mudança não era óbvia, mas eu a compensava nos bastidores. Eu trocava de roupa no banheiro quando todo mundo usava o vestiário. Comecei a me pesar regularmente na balança do banheiro da minha mãe quando não havia ninguém por perto. Eu participava de corridas extras. Mas ainda adorava doces. Minhas amigas pediam bolos na padaria Publix todo fim de semana antes das competições da banda. Sentávamo-nos em círculo, garfos na mão, comendo da caixa como se fosse a nossa última refeição. Eu apenas fazia questão de queimar essas calorias depois, mesmo que isso significasse uma corrida tarde da noite.

Durante meu primeiro ano de faculdade, a doceria Krispy Kreme abriu perto do meu campus. Meus colegas de quarto e eu tínhamos um ritual noturno para pegar uma dúzia de rosquinhas para o dormitório sempre que a placa "quente" estava ligada. Para agravar meu vício em açúcar, eu escondia rocamboles industrializados debaixo do meu beliche. Os nove quilos que ganhei em três meses surpreenderam apenas a mim. Nas férias de Natal, a balança do banheiro de minha mãe não mentia, então eu apostava nas corridas. E perdi esses quilos extras até o final do semestre.

No meu segundo ano, os momentos de comer escondida já haviam sido esquecidos. As pessoas comentavam: "Rebekah, você nunca sofreu com seu peso." Será que não? Eu monitorava tudo o que entrava pela minha boca. Se eu comia um gummy bear, fazia 20 polichinelos. Quando era garçonete no Applebee's, eu comia apenas algumas batatas fritas no final do turno. E depois? Eu malhava. Carboidrato? Exercício. Um ciclo sem fim. Esse era o meu ritmo. Falando com honestidade, não me lembro de comer legumes na faculdade.

Quando Gabe e eu nos casamos, fomos morar no Sul. Entre o chá doce e a tentação diária da culinária sulista, nossas rotinas de exercícios começaram a diminuir. Começamos a fazer as "noites em família" toda terça-feira, uma dose semanal de caçarolas, cada uma acompanhada de um vegetal com biscoitos e queijo por cima. Como sobremesa, o nosso favorito era o Bolo Despejo, tão pesado quanto seu nome. Feito com bolo (de caixinha), coberto com recheio de fruta (de lata) e filetes de creme, cobertos com sorvete. (Você já está salivando?) Felizmente, dei à luz a três bebês nesse período e usei minhas gestações como desculpa para comer o que parecesse certo.

Contudo, não dá para comer assim para sempre. Mais cedo ou mais tarde, isso se torna prejudicial.

Tudo veio à tona para mim há dois anos, quando meu nível de energia despencou e comecei a ter dores de cabeça persistentes. Minha ansiedade e depressão também começaram a aparecer e o número na balança aumentou. Eu estava tentando fazer malabarismos criando pré-adolescentes, tendo uma carreira com prazos curtos para escrever e muitas viagens, deixando minhas glândulas suprarrenais fracas ao voltar para casa após cada viagem. Mais do que tudo, eu queria ser mental e fisicamente forte. Queria ter energia. Não queria ter dores de cabeça.

Queria ter o controle das emoções e não queria que a ansiedade e o pânico decorrente delas voltassem.

Eu estava disposta a fazer qualquer coisa.

Eu sabia que não poderia continuar indo para a cama por pura exaustão às três da tarde quando as crianças estavam chegando em casa da escola. Não poderia ficar acordada por inúmeras noites seguidas com insônia, não podia continuar pulando os treinos por falta de força. Algo tinha que mudar. Ao contrário de antes, não foi a largura das minhas coxas que me motivou a mudar dessa vez. Eu entendi: *Não importa o que o exterior revela se o interior está faminto por força.*

Nunca fui fã de dietas extremas, mas li a introdução de um livro sobre a dieta Whole30 e decidi iniciar o plano imediatamente — eliminando açúcar, grãos, legumes, soja e laticínios das minhas opções pelos próximos 30 dias. Estávamos em julho, então eu tinha tempo para fazer compras extras e tempo para cozinhar. Até fiz minha própria maionese (duas vezes) e tentei seguir todas as regras. Até mesmo pedi conselhos e dicas pelo Instagram, e fiquei muito animada com as respostas. Outras pessoas haviam feito isso, o que significava que eu também poderia. Então, continuei.

NÃO IMPORTA O QUE O EXTERIOR REVELA SE O INTERIOR ESTÁ FAMINTO POR FORÇA.

Pela primeira vez em 25 anos, fiquei sem creme e açúcar no café. Também comecei a comer legumes sem bolachas e queijo, e descobri que eles são deliciosos se você assar com azeite e sal marinho. Também nunca havia cozinhado com frutas cítricas e descobri que um pouco de limão espremido na hora, casca de laranja ou raspas de limão faziam todos os vegetais fazerem acrobacias em minha boca. Então descobri todos esses As: abacates, amêndoas, açaí! Os sabores desses alimentos falaram comigo e me disseram algo que eu estava pronta para ouvir. A melhor comida para o seu corpo é deliciosa!

Ao virar uma nova folha na minha dieta (uma folha de alface, para ser mais exata), descobri que a alimentação saudável alimenta seu cérebro, que por sua vez regula o seu estado emocional e mental. Além do mais, aprendi que a ciência apoia minha experiência. Um estudo observou: "[A serotonina] é um neurotransmissor que ajuda a regular o sono e o apetite, mediar o humor e inibir a dor. Uma vez que cerca de 95% da sua serotonina é produzida no trato gastrointestinal [...] alinhados com 100 milhões de células nervosas, ou neurônios, faz sentido que o funcionamento interno do seu sistema digestivo não apenas o ajude a digerir os alimentos, mas também guie suas emoções."[1] De fato, vários estudos encontraram uma correlação entre uma dieta rica em açúcar refinado e função cerebral prejudicada e até um agravamento dos sintomas de transtornos do humor, como a depressão.[2]

Enquanto fazia a Whole30, meu panorama mental foi restaurado. Eu estava mais perspicaz, mais focada. Tinha mais energia. Eu me sentia bem e descobri que, quando meu corpo se sentia bem, minha perspectiva e atitude eram mais positivas, mais otimistas e eu era capaz de permanecer forte e esperançosa, mesmo quando o estresse começava a aparecer. Quando eu me amei o suficiente para priorizar alimentos saudáveis para o meu corpo, o amor foi transportado para todas as outras áreas da minha vida.

FAZENDO UM MENU SAUDÁVEL

Os pesquisadores continuam a explorar a correlação entre alimentação e saúde mental. Esse trabalho é imprescindível, em grande parte porque nossas crianças e adolescentes estão passando por um aumento dos sentimentos de depressão. Com o aparecimento de transtornos de ansiedade e humor, começando em crianças entre 6 e 13 anos de idade,[3] é fundamental que os pais estabeleçam padrões alimentares saudáveis para seus filhos. Mas que família norte-americana tem tempo extra em suas vidas atualmente? Quando estamos ocupados, muitas vezes a alimentação saudável é a primeira a desaparecer. Eu sei por que é assim que acontece comigo. Até hoje, tenho meus momentos de cheeseburger. Quando estou no carro, frenética como qualquer outra mãe, entre o treino de natação, o de golfe e o grupo *YoungLife*, vem uma súbita necessidade de comer fast-food. Mas, quando trapaceio e deixo de comer bem, pago por isso. Meu corpo e meu cérebro reagem. O mesmo acontece com o de Gabe e com os dos meus filhos. Nessas ocasiões, lembro por que devo continuar no ritmo correto.

O que faço para voltar aos trilhos? Volto para o livro de receitas em nossa cozinha, pego nossas receitas saudáveis favoritas, faço um plano de refeições para a semana seguinte e abastecemos a geladeira no domingo. O que aprendi é: sem planejamento intencional, um menu saudável pode ser difícil de manter. Para mim, 30 dias de alimentação limpa foram suficientes para criar um novo padrão. Minha lista de compras mudou e um novo ritmo foi estabelecido. Eu não queria voltar para os velhos hábitos. Meu paladar também havia mudado e eu desejava coisas saborosas, não doces. Até hoje, não voltei a beber café com creme e açúcar, em nossa família usaremos leite de amêndoa ou de coco daqui por diante. Ainda amamos nossos doces, mas estamos tentando ser mais inteligentes em nossas escolhas. Chocolate amargo com amêndoas e sal marinho de vez em quando e biscoitos ou bolos com ingredientes mais saudáveis para alguma ocasião especial.

ESCOLHA UM PLANO, QUALQUER QUE SEJA ELE

A boa notícia é que muitas pessoas estão avaliando sua alimentação e mudando seus hábitos devido a uma necessidade desesperada de se sentirem mais vivas e superar os sintomas de uma saúde mental e física precárias.

Muitos de nós estão ignorando os ingredientes nocivos e o processamento de alimentos que se tornaram populares nas últimas décadas e substituindo-os por planos alimentares mais saudáveis, como as dietas Whole30, cetogênica, mediterrânea, sem glúten ou vegetariana.

> O MESMO CRIADOR QUE FEZ NOSSO CORPO FUNCIONAR, TRABALHAR, SER FORTE E PENSAR TAMBÉM FEZ OS ALIMENTOS PARA NOS REPARAR, REJUVENESCER E RESTAURAR.

O plano que você escolher *não é tão importante quanto* escolher comer apenas alimentos o mais próximo possível de seu estado natural, porque o mesmo Criador que fez nosso corpo funcionar, trabalhar, ser forte e pensar também fez os alimentos para nos reparar, rejuvenescer e restaurar.

Então, se está sofrendo com sua saúde, se sua mente está distraída, se estiver sendo invadido por ansiedade, estresse ou letargia, se pergunte: *Os alimentos que consumo podem estar contribuindo para esse sentimento de mal-estar?* Se estiverem, tente uma abordagem diferente. Tente passar 30 dias comendo conscientemente, da maneira que nosso Criador deseja que comamos. Se perceber alguma diferença, faça da alimentação saudável uma parte diária do seu ritmo de restauração.

↗ PARA REFLETIR ↖

1. ESCREVA OS ALIMENTOS QUE COMEU NAS TRÊS ÚLTIMAS REFEIÇÕES E OBSERVE QUANTAS FRUTAS FRESCAS E VEGETAIS CONSUMIU. SUA DIETA ATUAL É SAUDÁVEL?

2. TODOS SABEMOS QUE NOSSAS DIETAS PODERIAM SER MELHORES, MAS QUAL A MUDANÇA QUE VOCÊ PODERIA FAZER PARA CRIAR UM PADRÃO MAIS SAUDÁVEL DE ALIMENTAÇÃO?

3. QUANDO COME DE FORMA MAIS SAUDÁVEL, QUE DIFERENÇA SENTE EM SEU ESTADO FÍSICO, EMOCIONAL E MENTAL?

CONHEÇA SUA IDENTIDADE

RÓTULOS NÃO O DEFINEM

CAPÍTULO 10

CAPÍTULO 10

CONHEÇA SUA IDENTIDADE

RÓTULOS NÃO O DEFINEM

Quando você me rotula, você me nega.

—SØREN KIERKEGAARD

"**M**ãe, o que é síndrome de Down?", perguntou Pierce, suas bochechas gordinhas manchadas de lágrimas depois de sair do ônibus escolar em um dia de outono da segunda série. O diagnóstico médico de seu irmão ainda não havia chegado à nossa casa. Nós não estávamos em negação como pais, apenas queríamos que nossos dois filhos mais novos conhecessem seu irmão pelo que é, como Cade.

Crescer com um irmão que tem necessidades especiais vem com um conjunto de responsabilidades, um tipo de vocação protetora. Pierce, sendo o filho do meio, havia sido empurrado para o papel do irmão mais velho, mesmo que isso não fosse natural para ele. Entretanto, ele sempre abraçou essa responsabilidade com dedicação compassiva.

Quando Pierce e Kennedy estavam na primeira série e no jardim de infância, seus amigos percebiam algo diferente sobre Cade e os perguntavam sobre isso. Perguntas como: "Por que Cade não fala muito?" ou "Por que ele demorou para escrever uma palavra ou entender um jogo?". Como irmão "mais velho", Pierce respondia: "O Cade é assim. Ele aprende de maneira diferente das outras crianças. Às vezes, ele só precisa de um tempinho a mais." Isso parecia satisfazer os curiosos observadores, afinal, normalmente quem perguntava eram filhos de amigos de família e, independentemente de sua compreensão, eles sempre conheceram Cade como um garoto alegre, ótimo dançarino e amante de abraços, coisas que sempre se destacavam no mundinho das crianças.

Entretanto, as coisas mudaram quando nos mudamos para Nova York.

Naquele dia de outono, Pierce continuou: "Tinha uns garotos na escola zombando do Cade. Eles o chamaram de retardado e burro, e minha resposta de sempre não foi boa o suficiente para eles."

Uma lágrima surgiu no canto do meu olho.

Abracei seu corpinho e o tranquilizei. "Meu amor, sinto muito", eu disse. "Essas crianças não conhecem Cade, então não as escute. Estou muito orgulhosa de você por defender seu irmão mais velho."

Uma lembrança surgiu diante dos meus olhos: o dia em que contei a uma amiga em Atlanta o diagnóstico de Cade. Com lágrimas nos olhos, Amy fez sua prece sobre o dia em que eu explicaria aos futuros irmãos mais novos de Cade por que ele era diferente. Agora eu estava respondendo a uma pergunta de Pierce, com sete anos, e sabia que hoje era esse dia.

Liguei para Kennedy e reuni as duas crianças. Expliquei que a síndrome de Down é um diagnóstico dado a crianças que têm um cromossomo extra, um a mais que o resto de nós. Eu disse a eles que o diagnóstico específico de Cade da trissomia 21 se desenvolve quatro a seis dias após a concepção — antes mesmo de eu saber que estava grávida. Mas todos esses detalhes não eram o que nossos filhos queriam. Eles tinham uma pergunta maior em mente: havia algo *errado* com Cade?

Eu queria dar a esses corações corajosos as respostas de que precisavam, então parei e fiz uma oração silenciosa, e depois continuei: "Desde a primeira semana que Cade começou a crescer na minha barriga, Deus viu um futuro diferente para ele. Ele sabia que esse garotinho poderia agir e parecer um pouco diferente dos outros, mas da melhor maneira, sua perspectiva única nos lembraria daquilo que é mais importante na vida e no amor."

Compartilhei com eles as palavras do salmista nas Escrituras: "Tu criaste o íntimo do meu ser e me teceste no ventre de minha mãe. Eu te louvo porque me fizeste de modo especial e admirável. Tuas obras são maravilhosas! Disso tenho plena certeza."[1]

QUANDO VOCÊ CONHECE ALGUÉM, VOCÊ NÃO O ROTULA MAIS.

Eu disse a eles que o rótulo "síndrome de Down" era uma maneira de explicar ao mundo como o corpo do Cade funciona, mas não o define. Cade é Cade. Ele ama música e ama como a mamãe escreve com a mão esquerda, gosta de festejar e do cabelo espesso do pai. Eu disse a eles que, se achassem o termo útil, poderiam usá-lo, mas o mais importante era ajudar os amigos a se desenvolverem no relacionamento com Cade.

Isso parecia certo. Para finalizar o momento com um último arremate, perguntei: "Vocês não estão felizes por Deus nos achar adequados para deixá-lo ser nossa família?" Sem hesitar, as duas crianças assentiram em vigoroso apoio.

Quando você conhece alguém, você não o rotula mais.

O PODER DOS RÓTULOS

Fico impressionada com quantas conversas giram em torno de nossos rótulos. "Tenho TOC, manias, depressão, deficiência, necessidades especiais, diabetes..." A lista continua. Enunciamos os rótulos como se definissem quem somos, como se fossem nossas características mais fortes. Usamos essas definições como uma maneira de ajudar as pessoas a saberem o que esperar de nós. O problema é que, quando usamos um desses rótulos para nos descrever, eles geralmente nos dão uma profunda sensação de identidade. Acreditamos na mentira de que o rótulo nos define. Em vez de acreditar que um rótulo é *algo que enfrentamos*, acreditamos que *somos* os rótulos.

Isso configura expectativas de um futuro indefinido com um resultado predeterminado. Sim, eu sei que a divisão celular que aconteceu com Cade no meu útero não vai se desfazer quando ele completar 18 anos, mas a divisão celular não determina o futuro de Cade. A vida dele pode ser tão gratificante quanto a de qualquer outra pessoa: cheia de perspectiva, educação, positividade, amor e esperança. E ele pode levar educação, positividade, amor e esperança a todos que encontrar em seu caminho.

Os rótulos são coisas poderosas, que podemos interpretar erroneamente como nossas identidades. Mas e se chegássemos a entender que eles não nos definem? Que, em vez disso, são uma explicação para ajudar o mundo a entender as coisas com as quais lidamos ou enfrentamos? Quando não vemos nossa identidade através de um rótulo, podemos encontrar maneiras de prosperar, independentemente dele. Essa mentalidade nos ajuda a mudar nossas ações do desespero para a esperança.

Quando enfrentei ataques de pânico, oito anos atrás, não tinha um diagnóstico para o que estava acontecendo. Pensando bem, foi uma bênção, porque me impediu de me dar um rótulo que poderia fazer parte da minha identidade e me fazer desistir de pensar que eu poderia viver de outra maneira. Em vez disso, tentei novas abordagens para tentar superar meu medo de ficar presa em espaços apertados. Todo dia eu orava por uma grande dose de paz e coragem, e depois tentava superar minha claustrofobia por meio da exposição. Enfrentei metrôs, elevadores e multidões, por mais assustadores que fossem. Alguns dias tive sucesso e outros não, mas o divisor de águas foi aprender quem Cristo realmente me fez ser e descobrir minha verdadeira identidade.

MINHA DOR SE TORNOU MEU PROPÓSITO.

Com o tempo, os espaços pequenos não eram mais assustadores. Eu não hesitava para pegar um elevador ou o metrô. E, embora meus ataques de pânico tenham começado anos atrás em um avião, agora entro em aviões quase toda sexta-feira para compartilhar a jornada de cura desses ritmos com pessoas de todo o país. A ironia existe em mim. Minha dor se tornou meu propósito.

QUEM REALMENTE SOMOS?

Hoje, 76% de nós acreditam que nossa melhor definição é aquela que aparece quando olhamos para dentro de nós mesmos.[2] Ou seja, se olharmos profundamente em nossa psique e avaliarmos nossos sentimentos, personalidades, desejos e paixões e até vícios por tempo suficiente, descobriremos nossos "eus" verdadeiros. Contudo, olhar apenas para nós mesmos pode nos levar à desilusão e a um lugar vazio. Por quê? Porque, embora nossas realidades internas sejam verdadeiras, elas não nos *definem* e nem sempre nos mostram quem realmente somos. Afinal, o eu não está sempre crescendo? A alma não é orientada em direção a Deus, sempre mudando em sua jornada para a eternidade? Olhar no espelho pode nos mostrar como é a nossa aparência no momento, mas não pode nos mostrar quem somos ou para onde estamos indo.

Então, como encontramos nossa verdadeira identidade, quem somos e para onde estamos indo? A fé cristã nos distancia das armadilhas de nós mesmos e nos leva para uma identidade enraizada em algo mais sólido, mais fixo — o próprio Deus. A identidade nEle é confiável e imutável.

Quando nossa identidade é encontrada em quem Deus diz que somos e não em nossos altos e baixos, nossos sucessos e fracassos ou nossos desejos, afetos ou deficiências, experimentamos a liberdade de que devemos gozar. Quando preciso me lembrar disso, leio esta lista de frases que me dizem a verdade sobre quem Deus diz que eu sou. E sempre me ajuda:

Eu sou filha de Deus. (João 1:12)

Sou nova criação. (2 Coríntios 5:17)

Sou amiga de Jesus. (João 15:15)

Sou criação de Deus para fazer boas obras. (Efésios 2:10)

Sou livre em Deus. (Gálatas 5:1)

Sou eleita e amada. (Tessalonicenses 1:4)

Sou a luz do mundo. (Mateus 5:14)

Não sou governada pela covardia. (Timóteo 1:7)

Sou perdoada. (Colossenses 2:13)

Sou de Deus. (Tito 2:14)

Sou livre dos desejos da carne. (Gálatas 5:24)

Sou a luz do mundo. (Mateus 5:14-15)

Estou salva Nele. (1 Pedro 1:3-5)

Sou amada por Deus. (1 João 4:10)

Se usa seu próprio rótulo como um crachá, pergunte a Deus quem você é nEle. Enraíze-se profundamente nessa identidade. Então, com uma identidade enraizada no Deus que dá sabedoria, força e amor, arrisque-se no mundo, seguro e confiante de quem você realmente é.

↗ **PARA REFLETIR** ↖

1. QUAIS SÃO OS RÓTULOS QUE DÃO A VOCÊ, AQUELES SOBRE OS QUAIS VOCÊ VIVE? COMO SUA VIDA PODE SER DIFERENTE SE VOCÊ MUDAR COMO FALA SOBRE SI MESMO E SOBRE AS COISAS QUE ENFRENTA? POR EXEMPLO, EM VEZ DE DIZER COISAS COMO "EU SOU..." VOCÊ DIZ: "EU JÁ FUI..." OU "EU ENFRENTEI...".

2. COMO A SUA DESCRIÇÃO DADA POR DEUS DIFERE DA DESCRIÇÃO QUE VOCÊ ASSUMIU DE VOCÊ MESMO?

3. QUE ÁREAS DE DOR EM SUA VIDA LHE DÃO VISLUMBRES DE PROPÓSITO? ESCREVA COMO SUA JORNADA PODE SE TORNAR UM INCENTIVO PARA ALGUÉM.

FAÇA UMA CAMINHADA

AFASTE A NÉVOA MENTAL

CAPÍTULO 11

CAPÍTULO 11

FAÇA UMA CAMINHADA

AFASTE A NÉVOA MENTAL

Penso que, no momento em que minhas pernas começam a se mover, meus pensamentos começam a fluir.

—HENRY DAVID THOREAU

Era a terceira segunda-feira de janeiro de 2005, uma manhã cinzenta e sem graça nos subúrbios de Atlanta — uma escuridão que descrevia meu humor há semanas. Tirei nossa minivan da garagem, querendo ir ao supermercado e à Target. Eu me recompensaria depois tomando café no carro, um estimulante para o resto do dia.

Depois que as crianças se acomodaram em suas camas com livros e cobertas, abri meu notebook para procurar a definição de um termo que ouvi no rádio, "transtorno afetivo sazonal". Segundo a internet, esse diagnóstico (geralmente conhecido como TAS) "é um tipo de depressão que vai e vem de acordo com as estações do ano, geralmente começando no final do outono e no inverno, e desaparecendo durante a primavera e o verão".[1]

Eu li um artigo seguido do outro e, enquanto eu lia, descobri que o TAS costuma ser pior na "Blue Monday"*, um dia que cai cerca de um mês após o Natal e muitas vezes considerado o "dia mais deprimente do ano". Pensando sobre o passado, eu percebi que havia de fato passado por algumas segundas-feiras assim, embora não tivesse percebido. O próprio nome desse dia foi derivado de uma convergência sazonal de vários fatores: mau tempo, perspectivas ruins, dívidas de Natal, a realidade das resoluções fracassadas do ano novo e assim por diante. Eu estava bem no meio disso, pesquisando sobre TAS no dia mais triste do ano. Enquanto fazia isso, senti uma espécie de alívio por não ser a única a me sentir deprimida nessa "Blue Monday". Enquanto eu lia, me senti aliviada ao perceber que, quando as flores desabrochavam em abril, meu coração voltava a ficar feliz novamente.

Alguns meses depois da Blue Monday, nos mudamos para Nova York. Vendemos 75% dos nossos bens e nos mudamos para um apartamento no Upper East Side. Com toda a transição que essa mudança exigia, eu ainda tinha que considerar a mudança no meu principal meio de transporte: não andaria mais de carro, e sim a pé. Trocar uma vida suburbana pela vida de pedestre teria um efeito maior em meu coração do que eu poderia imaginar.

Rajadas de neve sopravam do lado de fora das janelas de nosso apartamento no Halloween, apenas quatro meses após a mudança. Eu olhei para a janela, preparando sacolas de doces para nossos novos amigos do bairro, nervosa com uma estação de frio que começava tão cedo. Mas estávamos no Norte, afinal. Com toda a mudança, a alteração climática, a viagem diária por uma nova cidade, eu não conseguia imaginar adicionar depressão ao conjunto. Contudo, a estação estava chegando, e, pronta ou não, eu precisava enfrentá-la.

---

* *Segunda-feira azul*, em tradução livre. [N. da T.]

Após um mês naquele inverno terrível, me vi caminhando para a academia com um clima de 11 graus negativos, surpresa pelos meus próprios passos primaveris. Havia algo de bom no ar fresco contra minhas bochechas. *Eu pensei: Talvez não tenha sido o inverno que trouxe a tristeza. Talvez tenha sido minha inatividade suburbana.* Nossa vida em Nova York não permitia isso. Sem a opção de ir da cozinha para a garagem e de lá para o carro, eu tinha que usar minhas pernas e queimar um pouco de energia.

CAMINHAR ME AJUDOU A MELHORAR MINHA SAÚDE MENTAL E EMOCIONAL, E NÃO QUERO DIZER ANDAR DA MINHA CAMA PARA A GELADEIRA NO MEIO DA NOITE, MAS CAMINHAR COMO SE MEU TRABALHO DEPENDESSE DISSO.

Encontrei o amigo perfeito para incursões nos invernos de Manhattan, um casaco projetado para temperaturas abaixo de zero. Com todas as desculpas descartadas, descobri que não era tão difícil contornar a situação.

Se eu tivesse uma reunião? Eu tinha que caminhar.

Eu queria ir ao supermercado? Eu tinha que caminhar.

Pegar as crianças na escola? Caminhada.

Queria tomar um *latte*? Caminhada.

Mesmo no auge do inverno, essas caminhadas elevavam meu ânimo, faziam ideias criativas surgirem. Anotava pensamentos inesperados no meu telefone. Não tive nenhum indício de transtorno afetivo sazonal nesse inverno ou durante qualquer inverno desde então. Eu estava aprendendo algo profundo, caminhar me ajudou a melhorar minha saúde mental e emocional, e não quero dizer andar da minha cama para a geladeira no meio da noite, mas caminhar como se meu trabalho dependesse disso.

FALANDO SÉRIO SOBRE CAMINHAR

Uma pessoa comum passa 9,3 horas sentada por dia — muito mais do que as 7,7 horas que passamos dormindo.[2] Essa inatividade está criando um efeito cascata de problemas que podem prejudicar nossas outras tentativas de nos livrar do medo. Não apenas a falta de exercício físico nos torna mais suscetíveis a doenças cardiovasculares, diabetes tipo 2 e outras doenças que resultam de um estilo de vida letárgico, mas também está desativando nosso cérebro e limitando nosso crescimento.

Você pode se surpreender ao saber que várias das pessoas mais inovadoras da história moderna consideravam a caminhada essencial para seus ritmos diários. De Steve Jobs a Sigmund Freud, reuniões eram realizadas durante caminhadas, e eles consideram-nas uma ótima maneira de processar seus melhores pensamentos e conselhos. Mesmo nos anos 1800, Charles Dickens andava quase 30 quilômetros todos os dias para desestressar e libertar sua mente para voltar a suas criações.[3] Além disso, como foi determinado que a caminhada nos ajuda a pensar melhor, o Google incorporou "reuniões-caminhadas" em sua jornada de trabalho. Os funcionários podem reservar o tempo que desejam para se encontrarem na pista de caminhada coberta.

Entretanto, a maioria de nós não mora na cidade de Nova York ou trabalha em lugares como o Google, por isso temos que ser objetivos se quisermos incorporar a caminhada em nossos dias. Depois que nos mudamos para o Tennessee, uma das minhas maiores preocupações era como a mudança afetaria meu padrão de caminhada. Afinal, o estilo de vida para pedestres de Nova York deu origem à minha carreira de escritora e inspirou minha criatividade, e eu sabia que manter um estilo de vida de caminhadas exigiria objetividade agora que estávamos voltando a usar o carro na cidade de Franklin. Se eu não quisesse voltar para as tentações suburbanas de conforto e letargia, eu precisaria ser estratégica.

Então, Gabe e eu fizemos um plano. Diariamente, saíamos em família para a Fazenda Harlinsdale ou percorríamos os caminhos de Carnton. Eu caminharia pelas trilhas do lago Radnor com amigas ou passearia com os cachorros em nosso bairro, enquanto Cade andava de bicicleta. Sempre que podia, subia as escadas. Animada com o quão estimulante a caminhada estava sendo para a nossa família, comprei para minha filha um relógio que marca os passos como presente de Natal. Sua correia era moderna e branca, e seu fecho era dourado rosé, e sempre que ela se esquecia de colocá-lo para ir para a escola, eu o pegava. Descobri que, conforme minha contagem de passos aumentava, minha produtividade também aumentava. Eu sorria mais.

EM VEZ DE CORRER DA DOR, CAMINHE SOBRE ELA

Quando meu pai morreu, em abril, minha irmã mais nova e seu filho vieram nos visitar. Nós nunca saímos de casa, exceto para caminhar ou fazer trilhas pela floresta, o que nos conectou ao papai, que amava a natureza. Na trilha, com as folhas esmagadas sob nossos pés, nós dizíamos as coisas que papai teria adorado naqueles bosques da primavera, cheios de vida. Ele teria sorrido com os olhos arregalados como uma criança em uma loja de doces, descrevendo todas as plantas pelas quais passávamos. Eu vi meu sobrinho pegar uma folha, maravilhado, balançá-la pelo caule e sorrir com alegria. Tal avô, tal neto.

Quando o pesar sobre sua morte ainda persistia no final de abril, fiquei com medo de que a depressão aparecesse em maio. Aparentemente, não há limite de tempo para o luto. Eu precisava de mais tempo para me curar e disse a uma amiga que não queria me descontrolar em público, então fiquei quieta. Por alguns dias, tudo o que sabia fazer para impedir que a tristeza me afundasse era contar meus passos.

Caminhar tornou-se uma maneira de superar minha dor e, como sou uma pessoa verbal, rezava orações de rendição enquanto andava. Quem passava por mim provavelmente pensava que eu era louca, mas eu não me importei. Para mim, caminhar era libertador. Olhando para trás, essa era a melhor maneira de cuidar do meu coração. Às vezes, por meio da adoração; às vezes, por meio de um sussurro; às vezes, por meio do silêncio, Deus me encontrava enquanto eu caminhava. Dia após dia, cada vez que voltava para casa, meu coração estava um pouco mais leve novamente.

No verão, o luto partiu, a criatividade emergiu e, na maioria das vezes, minhas ideias mais inovadoras surgiam enquanto caminhava. Dia após dia, as teias de aranha iam diminuindo e as ideias tomavam seu lugar. Caminhada e escrita começaram a andar de mãos dadas. Quase não conseguia digitar um parágrafo sem uma boa caminhada antes. Hoje mesmo, antes de começar a escrever mais sobre esse ritmo específico, fiz uma longa caminhada pela floresta com Gabe. Conversamos sobre os acontecimentos dos últimos três dias enquanto ele estava fora da cidade. Eu disse a ele o que estava ouvindo, o que estava escrevendo, o que estava aprendendo sobre esse ritmo antes de escrever estas palavras. Essa caminhada (combinada com as perguntas sondadoras de Gabe e suas ideias brilhantes) deu o pontapé inicial para este capítulo.

CAMINHE EM DIREÇÃO À CRIATIVIDADE

Não sou a única que notou uma conexão entre criatividade e caminhada. Enquanto escrevíamos este livro, Gabe e eu visitamos a casa de um amigo e mentor que também é autor de vários livros na lista dos mais vendidos. Ele é uma das pessoas mais eficientes e eficazes que conhecemos, sempre trabalhando em um projeto, mas nunca sacrificando os ritmos essenciais da vida. Com 50 e poucos anos e completamente em forma, ele nos contou o segredo de sua produção na última década. Ao descermos a escada de sua casa, ele abriu a porta de seu escritório e, em frente a uma janela com vista panorâmica, um escritório-esteira. Escritório-esteira? Sim, você leu corretamente. Logo acima do painel de controle de uma esteira comum, havia uma longa mesa com anotações, livros, canetas e seu notebook. Ele andava e escrevia. Mais de dez mil passos por dia, a 3km/h, escrevendo. Que caminhada estratégica! Fiquei viciada na ideia.

Em um quarta-feira, algumas semanas depois, cheguei em casa depois de um longo dia de reuniões, sobrecarregada com os prazos iminentes de escrita que estavam por vir. Gabe pegou minha mão e me levou para o andar de cima. Lá, minha nova amiga, "Nancy, a NordicTrack", aguardava. Meu marido comprou e montou meu próprio escritório-esteira e o colocou no local perfeito, em frente a uma grande janela em direção a uma grande vista bucólica, e ele fez isso sem que eu soubesse. Parecia manhã de Natal. Eu poderia escrever boa parte deste livro em movimento!

Enquanto digito agora, estou caminhando. Quando preciso de uma pausa para pensar, olho para cima e para fora. Está chovendo. Há um riacho que corre da parte de trás do quintal e desce até a rua. Com meus pensamentos claros, volto ao trabalho.

CAMINHANDO PARA A RESTAURAÇÃO

Caminhar é fundamental para a restauração de nossa saúde mental, criatividade e produtividade. Quando as estações de tristeza aparecem, quando um muro impede minha criatividade, quando as palavras acabam, a melhor coisa que posso fazer é sair e caminhar. O movimento oferece liberação do controle, permite que conexões espontâneas surjam. Faz meu sangue fluir, libera endorfinas e melhora meu humor. Todas as vezes, caminhar traz clareza.

COMO VOCÊ PODE ADICIONAR CAMINHADAS A
SEU RITMO DIÁRIO? VOCÊ CONSEGUE FAZER DELAS
UMA PARTE NATURAL DA SUA VIDA?

Se caminhar não faz parte de sua rotina diária, você está perdendo um ritmo de restauração importante, que pode tirar você da estagnação, trazer novas ideias e impulsionar sua criatividade. Como você pode adicionar caminhadas a seu ritmo diário? Você consegue fazer delas uma parte natural da sua vida? Faça a si mesmo essas perguntas e faça um pequeno brainstorming. Como você deve fazer esse brainstorming? Caminhando, é claro. Tente e veja o que acontece.

→ FAÇA UMA CAMINHADA | 115

⁊ PARA REFLETIR ⁌

1. EM UMA ESCALA DE 1 A 10, SENDO 1 PARA SEDENTÁRIO E 10 PARA CORREDOR DIÁRIO, QUAL É SUA PONTUAÇÃO COMO PRATICANTE DE CAMINHADAS?

2. ONDE VOCÊ PODE CAMINHAR? COLOQUE O NOME DE UM LUGAR ESPECÍFICO, COMO UM PARQUE, ACADEMIA OU ARREDORES DO SEU BAIRRO.

3. CAMINHE POR DEZ MINUTOS ESTA SEMANA E ANOTE OS PENSAMENTOS QUE APARECEM ENQUANTO VOCÊ ANDA. NO FINAL DA SEMANA, REVISE SUAS ANOTAÇÕES. O QUE É POSSÍVEL NOTAR SOBRE SUA SEMANA DE CAMINHADA?

PROCURE AVENTURAS

FAÇA UMA VIAGEM

CAPÍTULO 12

CAPÍTULO 12

PROCURE AVENTURAS

FAÇA UMA VIAGEM

Todos os dias, Deus nos convida para o mesmo tipo de aventura. Não é uma viagem na qual Ele nos envia um itinerário rígido; Ele simplesmente nos convida. Deus pergunta sobre o que Ele nos fez amar, o que é que capta nossa atenção, o que alimenta essa profunda e indescritível necessidade de nossas almas de experimentar a riqueza do mundo feito por Ele. E então, inclinando-se sobre nós, Ele sussurra: "Vamos fazer isso juntos."

—BOB GOFF

Um ano atrás, Gabe e eu marcamos uma viagem para a Europa para celebrar nosso aniversário de 20 anos de casados. Pierce e Kennedy tinham acampamento de verão por duas semanas e Cade estava na casa dos avós, então parecia o momento perfeito para fugir. Depois de despedidas chorosas, fomos para o aeroporto. O tempo juntos parecia outra lua de mel, exceto que, dessa vez, não passamos uma noite no sofá-cama da minha tia durante nossa viagem de carro de 18 horas de Virgínia a Miami para embarcar em um cruzeiro de lua de mel no Natal — mas isso é outra história.

Fazia seis meses desde o ataque de pânico no banheiro travado, e eu não havia trancado nenhuma porta de banheiro de avião desde então. O espaço era muito apertado. Eu voava com frequência e todas as vezes pensava que finalmente arriscaria dois minutos de nervosismo, mas todas as vezes minha neurose vencia. Então, em vez de trancar a porta, eu apoiava o pé nela, segurava a alavanca e brincava de cabo de guerra com um passageiro confuso que imaginava por que o letreiro verde na porta dizia "Aberto". Então, quando eu terminava, lavava as mãos e voltava envergonhada para o meu lugar. Mas, neste voo sobre o Atlântico, estava na hora. Eu sabia que em nossas próximas viagens enfrentaríamos alturas, espaços apertados e aventuras, e não queria que o medo roubasse nenhum momento de nossa viagem de aniversário. Esta era a minha chance de testar minha coragem.

Ao entrar no banheiro, travei e destravei a porta para garantir que o mecanismo não estava quebrado. Então, em um surto de coragem, tranquei a porta, usei o banheiro com pressa, lavei as mãos e me virei em direção à porta. O mecanismo da tranca deslizou com facilidade e eu consegui sobreviver. *Ufa*! Talvez tenha sido um marco pequeno, mas por causa disso minha coragem aumentou.

Acordamos na manhã seguinte com uma chuva brumosa em Lauterbrunnen, Suíça. Planejamos uma caminhada exigente nos Alpes no primeiro dia para fazer o sangue fluir. Saí do hotel com confiança, sentindo-me corajosa pelo sucesso da trava do banheiro do avião. O próximo passo natural da coragem seria uma caminhada nos Alpes, mas é claro que não pensei muito nos requisitos. Para chegar ao início da trilha, no meio da montanha, precisamos de uma forma de transporte diferente. Depois que pegamos nossos ingressos no balcão e fomos em direção ao elevador, chegamos em uma plataforma com uma caixa de vidro — um teleférico — pronto para elevar-se pelo céu.

Essa caixa de vidro tinha aproximadamente seis metros de comprimento e três metros de largura, com o que pareciam 50 pessoas atoladas no interior, suspensa no ar por um mero cabo. Claro, nós seríamos os últimos a entrar e parecia que seríamos esmagados contra as portas de vidro. Estava tão apertado que pensei que eu precisava me esguiar para que as portas se fechassem.

Gabe, ciente da situação, olhou para mim e perguntou: "Você quer esperar 30 minutos pelo próximo? Não tem problema por mim. Mas não há garantia de que haverá menos pessoas." Minha mente disparou, lembrando inúmeras outras vezes nos últimos sete anos em que saí de elevadores e metrôs superlotados antes que as portas se fechassem, minha confiança evaporando. Lágrimas começaram a brotar nos cantos dos meus olhos.

Respirei fundo e respondi: "Não posso deixar este momento me fazer dar um passo para trás. Preciso que esta seja uma semana de coragem. Não posso perder estes momentos porque estou paralisada de medo. Vamos fazer isso." Então, nos movemos rapidamente e ficamos na beira da gaiola de vidro. Prendi a respiração quando as portas se fecharam. Quando o teleférico começou a subir, eu me desliguei dos *oohs* e *ahhhs* da multidão enquanto eles olhavam para o vale. Eu sussurrei o nome de Jesus o tempo todo. Se bravura é enfrentar as coisas mesmo quando estamos assustados, essa era a única maneira que eu sabia como enfrentar aquela situação.

Ao nos aproximarmos da plataforma da cordilheira, senti a euforia do alívio. Disparamos daquela caixa de vidro como uma bala de canhão, corajosos e livres! A caminhada que se seguiu foi gloriosa. Nós andamos ao lado de um rebanho de vacas adornadas com chocalhos, dançamos com os moradores locais as músicas de uma banda folclórica irlandesa e nos deparamos com um charmoso restaurante com um brunch quente de muesli, ovos e bacon servidos com uma variedade de doces. Viver esses momentos sublimes nas montanhas parecia mais especial devido à minha coragem. Pequenos passos de coragem deram lugar a uma semana de aventura.

Após nossa estada na Suíça, alugamos um carro e nos aventuramos na estrada. Não tínhamos um lugar específico em mente, apenas algumas cidades em que queríamos desembarcar nos próximos dias. Partimos para ver o que poderíamos descobrir.

Dirigimos por Genebra durante o 500º aniversário da Reforma Protestante e visitamos a Catedral de St. Pierre, onde João Calvino passou os últimos 23 anos de seu ministério, para um pouco de aprendizado e revisão arquitetônica (essa é a ideia de aventura de Gabe). Dirigimos pelo túnel do Mont Blanc da França para a Itália, andando pelo acostamento das estradas para apreciar as cachoeiras das geleiras e a beleza ao redor. Exploramos cidades e marinas à beira-mar, como Portofino, na Itália; comemos os melhores caprese crostini de manjericão e tomate, e concluímos todos os dias com uma caminhada noturna para tomar sorvete. Escalamos rochas, pulamos de penhascos e nadamos no Mediterrâneo. Andamos pelas ruas de todas as cinco cidades de Cinque Terre e até alugamos uma lancha no lago Como para nos divertirmos ao sol. Foi uma semana muito ativa, emocionante e mágica.

Pensando naqueles momentos, me perguntei: *Por que aquelas duas semanas pareciam tão vivas para mim, para nós dois?* De todas as viagens que Gabe e eu fizemos, essa foi diferente. A verdade é que essa viagem em particular foi única. Chegamos lá já emocionalmente conectados como um casal, em vez de apenas jogar conversa fora. Em outros anos, usávamos fugas rápidas para nos reconectar, mas, na realidade, dois ou três dias nem sempre conseguiam estimular um relacionamento em deficit. Em vez de usarmos essa viagem para processar meses de falhas sem interrupção, tivemos mais tempo para diversão, aventura e lazer. Acontece que a diversão e as risadas faziam parte de como nos apaixonamos pela primeira vez há 22 anos, e era exatamente disso que precisávamos ser lembrados nesta fase da vida.

Contudo, havia mais. Desde o início, do avião até o teleférico de vidro, decidi não ser vencida pelo medo. Então fui em direção à aventura. Claro, tranquei a porta do banheiro em um avião e andei em um teleférico, mas também andei por uma rua escura na cidade, passeei por de trás de cachoeiras e me aproximei da beira de penhascos (talvez essas coisas pareçam miniaventuras para alguns de vocês, mas para mim exigiram uma medida extra de bravura).

COMO A AVENTURA REAL CONFRONTA O MEDO

Todos sabemos que o medo é uma das maiores ameaças à saúde mental e emocional. Ele nos leva a ataques de ansiedade e pânico, mas, em vez de evitar as coisas que tememos, podemos considerar confrontá-las. Gregory Berns, um grande neurocientista, escreve em seu livro *O Iconoclasta:* "Embora o medo seja o grande inibidor da ação, sua localização no cérebro é bem conhecida... em vez de as pessoas precisarem evitar as situações que as causam medo ou circunstâncias estressantes, a neurociência está mostrando como a parte racional do cérebro pode recuperar o controle sobre emoções tóxicas como o medo."[1]

O medo nos impede e nos faz acreditar na mentira de que não somos fortes o suficiente, corajosos o suficiente ou mentalmente resistentes o suficiente para romper nossas barreiras, mesmo quando sabemos o que é melhor. Entretanto, lembrando-nos da verdade (este elevador não vai cair no chão; este espaço é pequeno, mas não há com o que se preocupar) e nos encorajando em direção à aventura, podemos recuperar o controle sobre o medo. Quando isso acontece, em vez de evitar situações potencialmente estressantes, começamos a correr em direção a elas e as vemos como um desafio a superar.

> O MEDO NOS IMPEDE E NOS FAZ ACREDITAR NA MENTIRA DE QUE NÃO SOMOS FORTES O SUFICIENTE, CORAJOSOS O SUFICIENTE OU MENTALMENTE RESISTENTES O SUFICIENTE PARA ROMPER NOSSAS BARREIRAS, MESMO QUANDO SABEMOS O QUE É MELHOR.

Berns diz: "Para ver as coisas de maneira diferente das outras pessoas, a solução mais eficaz é bombardear o cérebro com coisas que nunca havíamos encontrado antes. A novidade libera o processo perceptivo dos grilhões de experiências passadas e força o cérebro a fazer novos julgamentos."[2] Em outras palavras, quando me coloco em novas situações, mesmo quando exigem adaptação a espaços apertados (como o teleférico), e vejo a *gratificação* dessas situações, meu cérebro gera novas maneiras de ver o mundo, maneiras que não estão enraizadas no efeito do medo.

ESCOLHA SUA PRÓPRIA AVENTURA

Nossas duas semanas na Suíça e na Itália foram cheias de novidades e aventuras. Novos cenários, novos sons, novos alimentos, novas interações — tudo isso despertou minha curiosidade e imaginação. Não apenas substituí velhas lembranças de medo por novos momentos de coragem, como também substitui velhas experiências de fuga por novos momentos de persistência.

Se formos seres criativos, dependentes da imaginação, você não acredita que, quando fomentamos novas experiências, nos sentimos vivos? Pode ser que você não possa viajar para a Europa, mas e se decidir fazer uma miniaventura amanhã, na próxima semana ou mês que vem? Qualquer coisa pode ser transformada em uma aventura — mas geralmente isso requer um pouco de tempo extra e a vontade de arriscar e descobrir algo novo. Leve sua família ou alguns amigos para acampar no fim de semana, visite uma galeria de arte local ou faça um tour pelos monumentos arquitetônicos da sua cidade. Prepare-se para se expor a coisas novas, especialmente se a aventura exigir que supere alguns medos.

↗ PARA REFLETIR ↖

1. QUAIS MEDOS OU ANSIEDADES VOCÊ PRECISA SUPERAR? FAÇA UMA LISTA.

2. QUAIS SÃO ALGUMAS MANEIRAS INTENCIONAIS PARA CRIAR UMA AVENTURA QUE EXIJA QUE ENFRENTE E SUPERE SEUS MEDOS?

3. QUANDO FOI A ÚLTIMA VEZ QUE VIVEU UMA AVENTURA QUE LHE INSPIROU CONFIANÇA OU O ENCHEU DE CORAGEM? DESCREVA O QUE FEZ E COMO SE SENTIU.

TRANSPIRE

VISTA SUAS CALÇAS DE MALHAR

CAPÍTULO 13

CAPÍTULO 13

TRANSPIRE

VISTA SUAS CALÇAS DE MALHAR

Apenas o exercício apoia os espíritos e mantém a mente vigorosa.

—MARCUS TULLIUS CICERO

Minha primeira experiência com exercícios que diminuem o estresse ocorreu no ensino médio, com longas corridas pelo bairro. Claro, alguns desses exercícios foram motivados pelo desejo de uma aparência mais esbelta, mas também foram salva-vidas em meio a dramas típicos de adolescentes. Carreguei o peso de ser diretora de bateria durante o primeiro e segundo anos e conduzir músicas para as bandas de marcha, sinfônica e a de jazz. Minhas responsabilidades criaram muita tensão para o meu cérebro adolescente ainda em desenvolvimento. Com viagens de fim de semana para competir em diferentes cidades, competições estaduais na primavera e quase 15 músicos da banda respondendo a mim, eu mal tinha um momento para mim mesma. A cultura de prêmios que nossa escola cultivara ao longo dos anos não era brincadeira — todos tinham expectativas altas. Para me deixar ainda mais maluca, eu também tocava trompete na sinfonia juvenil da minha cidade o ano todo. Todo momento acordada que não era dedicado aos estudos era dedicado à música.

Em um dia em particular, no meio do estresse, senti que só precisava correr. Talvez fosse a pressão de competições constantes, o peso de uma rigorosa agenda de treinos ou a grande sensação de estar sobrecarregada, mas, independentemente do motivo, correr parecia a única opção. Então corri. Nenhum plano para onde eu estava indo ou quão longe iria, eu só precisava me movimentar e, no exercício, encontrei alívio.

A libertação por meio da corrida era algo novo para mim. Desde minhas primeiras memórias do ensino fundamental, ser fitness era algo que envolvia aulas de educação física, passeios de bicicleta em nosso bairro, inúmeros verões nadando na piscina comunitária e anos tentando acertar a bola na cesta de basquete apenas por diversão. Nunca me senti qualificada ou coordenada o suficiente para praticar esportes coletivos. E, quando cheguei ao ensino médio, a música tomava a maior parte do tempo. Mas quando percebi que podia correr, continuei correndo, correndo e correndo (espero que você tenha escutado isso na minha melhor imitação de *Forrest Gump*).

Na faculdade, quando eu morava em dormitórios, corria pela "montanha-russa" — uma trilha de três quilômetros com colinas que faria qualquer estômago revirar. Esse ritmo estava fazendo muito mais do que me fortalecer, ele me ajudou a entender o que eu estava enfrentando em meus relacionamentos, em minha vida espiritual e emocional. A sensação de um top encharcado de suor, clareza mental e um grande copo de água gelada eram a recompensa perfeita para aquele investimento diário de tempo.

Quando me mudei do campus, nos meus últimos dois anos de faculdade, minha colega de quarto fazia corrida de atletismo no time da faculdade. Embora eu não tivesse como praticar o esporte oficialmente, pois trabalhava em dois empregos, ela me inspirou a correr distâncias maiores. Então eu corri. Eu corria um ciclo regular de seis quilômetros todas as manhãs no distrito histórico de nossa cidade e depois me forçava a uma corrida ocasional de 21 quilômetros. Quando descobri meu ritmo e cadência — o que chamam de "barato do corredor"—, sentia que poderia continuar para sempre. Aquelas longas corridas me davam tempo para pensar e orar sobre questões e problemas. Você pode resolver muitos problemas durante uma meia maratona!

No verão após a minha formatura, comecei a correr em trilhas. Alguns meses depois, tropecei em uma raiz de árvore no chão e torci o joelho. Andei o resto do caminho para casa, mas não sabia que seria o começo de uma doença crônica. Sem um plano de saúde que a cobrisse e sem dinheiro para cirurgia, cheguei à conclusão de que precisaria me curar por conta própria. Minha dor no joelho diminuiu, mas descobri que não podia mais percorrer distâncias superiores a 5km ou a dor retornaria.

Eu sabia que não podia deixar minha rotina de exercícios parar. Fazia aula de spinning e musculação com um personal trainer aos 20 anos e ioga aos 30. Nas minhas melhores semanas, eu mantinha o ritmo: aulas de ioga, spinning, musculação e sempre correndo ou caminhando ao ar livre. Malhar em uma academia é ótimo, mas nada se compara ao exercício ao ar livre. O ar fresco, o suor salgado e a adrenalina de endorfinas traziam uma lucidez calmante, mesmo nos meus momentos mais estressantes. É por isso que mantenho uma rotina de exercícios até hoje, geralmente ao ar livre.

FAZENDO EXERCÍCIOS VERDES

Lembro-me de um inverno particularmente difícil. Eu me sentia muito confinada na academia e precisava sair ao ar livre para realizar algum "exercício verde" — o novo termo dado a atividades realizadas na natureza. Estar em um espaço verde, perto da água, e respirar ar fresco são elementos comprovados que ajudam nossa saúde mental.[1] Eu sabia que isso era verdade, mas será que eu enfrentaria esses elementos em fevereiro e me juntaria aos corredores malucos no circuito do Central Park?

Sim, obrigada por perguntar.

ESTAR EM UM ESPAÇO VERDE, PERTO DA ÁGUA, E RESPIRAR AR FRESCO SÃO ELEMENTOS COMPROVADOS QUE AJUDAM NOSSA SAÚDE MENTAL.

Eu mal correra 100 metros quando percebi que meus olhos estavam cheios de lágrimas. Era uma libertação que meu corpo estava implorando, mas que eu havia ignorado. Nessa corrida, eu entendi que algo é liberado durante o exercício. O que quer que seja que o corpo esteja armazenando, segurando, deve ser liberado e, nessa corrida ao ar livre, isso aconteceu. Eu nunca tive essa mesma resposta dentro de uma academia. Talvez tenha sido a beleza da criação ou a solidariedade que fez com que isso acontecesse, eu não sei. Mas percebi como um treino ao ar livre é um componente crítico da minha rotina de exercícios e, quanto mais considerava essa verdade, mais me perguntava: *Essa mesma verdade se aplica às crianças?*

Quando nosso filho Cade completou 16 anos, os hormônios entraram em ação e ele se tornou mais temperamental. Mas, devido ao vocabulário verbal limitado que acompanha sua síndrome de Down, ele não tinha palavras para expressar suas frustrações. Eu sabia que precisávamos ajudar Cade a descobrir como se expressar, expressar o que estava sentindo e encontrar sua própria forma de libertação. Ele nasceu com tônus muscular excepcionalmente baixo, mesmo para uma criança com síndrome de Down. Ele não andou até três anos e nunca teve resistência para correr ou coordenação para esportes coletivos. Ele nunca teve força no tronco para equilibrar-se em uma bicicleta típica, portanto levar Cade ao ar livre sempre foi uma luta, que geralmente termina quando ele encontra um lugar para se sentar sob a sombra de uma árvore.

Assim como nós, o corpo de Cade foi criado para se mover, e eu sabia que ele precisava sair ao ar livre para o bem de saúde mental. Por isso, investigamos e descobrimos um incrível trike adulto, o Mobo Triton.[2] Com uma estrutura baixa e duas rodas traseiras, ele permitiu que Cade aproveitasse o ar livre, fizesse exercícios aeróbicos e assumisse o controle de seu próprio caminho. Depois de apenas alguns dias, Cade começou a pedir para "andar de bicicleta" todos os dias. Foi muita alegria ver sua paixão pelo exercício e sua recém-descoberta independência. Sabíamos que Cade precisava do mesmo que todos nós: a liberdade de se mover, se esforçar e depois receber os benefícios disso.

CRIANDO UM RITMO DE EXERCÍCIO

Há muito tempo, a ciência mostra como o exercício auxilia na saúde mental, reduzindo a ansiedade, a depressão e melhorando a autoestima e a função cognitiva.[3] Sem exercício, nos tornamos apenas carcaças para nós mesmos, e, por fim, uma vida sem exercício leva a uma morte prematura. Os cientistas apontam que os seres humanos pré-industriais gastavam cerca de 1.000 quilocalorias de atividade por dia, enquanto os humanos modernos gastam em média apenas 300 quilocalorias.[4] Qual é o resultado da falta de atividade física? Foi relatado que existem 1,9 milhão de mortes em todo o mundo anualmente como resultado de inatividade física, aproximadamente 1 em 25 das mortes em geral.[5] Nós paramos de suar e isso está nos matando.

Você pode pensar que não é do tipo de pessoa que gosta de correr ou de exercícios físicos. Eu o entendo. Mas não se deixe intimidar. Você não precisa correr ou ir para a academia. A chave é se envolver em uma atividade física que seja desafiadora para você. Algo que aumente a frequência cardíaca e faça com que o sangue, o suor e as emoções positivas fluam. Até uma curta caminhada rápida de dez minutos aumenta nossa atenção mental, energia e bom humor.[6] Os estudos também mostram que apenas cinco minutos de atividade ao ar livre — como uma caminhada, corrida ou até mesmo ioga ao ar livre — podem mudar nosso humor e autoestima.[7]

Lembre-se de que o exercício que estou defendendo não é projetado apenas para ajudá-lo a vestir sua roupa de banho favorita ou reduzir as medidas nos lugares certos. Faz muito tempo que a publicidade e o marketing em torno do exercício estão ligados à boa aparência, é verdade que ficamos em melhor forma e criamos tônus muscular, mas isso não deve ser nossa principal motivação. Em vez disso, nos exercitamos para permanecer mental e emocionalmente saudáveis, para aumentar nossa frequência cardíaca e estimular a produção de serotonina e dopamina, neurotransmissores que Deus nos deu para nos ajudar a manter nosso estado ideal de bem-estar.

Todos nós já ouvimos dizer que os exercícios, tanto internos quanto externos, ajudam a aliviar o estresse. Essa não é uma informação nova. Mas, às vezes, deixamos de lado as práticas mais óbvias quando a ansiedade, o pânico ou a depressão vêm à tona. Em vez de nos voltarmos para as coisas que Deus criou para nos trazer um fascínio positivo natural, procuramos alimentos que trazem bem-estar e hábitos autotranquilizantes, nos aninhamos no sofá ou nos escondemos atrás de uma tela, completamente sedentários. Tudo isso arranca de nós nossa força interna e externa.

EM ALGUM MOMENTO, NÓS TEMOS QUE TOMAR UMA DECISÃO E NOS COMPROMETER.

Em algum momento, nós temos que tomar uma decisão e nos comprometer. Alguns de nós podem até precisar pedir ajuda para iniciar uma rotina de exercícios. Embora às vezes possa parecer insuportável se concentrar em uma rotina de exercícios de longo prazo, lembre-se: uma rotina é apenas vários dias juntos. Então, escolha fazer com que esse dia valha a pena. Não finalize o seu dia se não tiver movimentado seu corpo de maneira intencional. Seja uma caminhada rápida no pôr do sol, uma corridinha ao redor da sua quadra, flexões ao lado da cama antes de dormir ou algumas séries de polichinelos, certifique-se de aumentar sua frequência cardíaca por um certo tempo! Faça o que fizer, tome uma atitude. Deus projetou você para suar. Seu corpo, seu cérebro e seu espírito agradecerão por isso.

↗ PARA REFLETIR ↖

1. VOCÊ PRATICA EXERCÍCIOS FÍSICOS REGULARMENTE, ALGUM QUE O FAÇA TRANSPIRAR ALGUMAS VEZES NA SEMANA?

2. QUE DISTRAÇÕES ESTÃO IMPEDINDO-O DE SEGUIR UM RITMO DE EXERCÍCIO?

3. SE HOUVER ALGUNS MESES QUE VOCÊ NÃO SE EXERCITA, VÁ AO AR LIVRE E TRANSPIRE HOJE. ESPERE 30 MINUTOS E SE PERGUNTE: COMO ME SINTO? FISICAMENTE? EMOCIONALMENTE? MENTALMENTE?

ESFORCE-SE

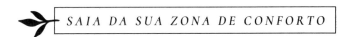

SAIA DA SUA ZONA DE CONFORTO

CAPÍTULO 14

CAPÍTULO 14

ESFORCE-SE

SAIA DA SUA ZONA DE CONFORTO

Para descobrir algo realmente bom, você tem que zarpar e deixar o ancoradouro do conforto para trás.

—KHANG KI JARRO NGUYEN

Havia muito caos, muita confusão. Muita coisa empilhada.

A verdade é que as pilhas estavam sendo construídas há anos, mas eu sempre encontrava desculpas para evitá-las. Afirmava que não tinha tempo suficiente para lidar com todas as nossas coisas ou que havia responsabilidades mais importantes no momento. Na melhor das hipóteses, eu arrumava algumas coisas e me dava por satisfeita. Mas todas as minhas desculpas finalmente me alcançaram. Todas as coisas precisavam de um lugar para chamar de lar.

Tudo começou com a simples prática da percepção. Percebi todas as coisas empilhadas. Pilhas na lavanderia. Pilhas na cozinha. Pilhas de papéis e material de escritório empacotados em gavetas de lixo, sobrepostos com chaves aleatórias, moedas e carregadores antigos de celular.

Fui até o quarto, notei as pilhas de livros ao lado da cama, o armário cheio de roupas: roupas formais, agasalhos e roupas de malhar que eu não usava há anos. Embora minha casa não estivesse suja — pratos e chão limpos e os lugares sem coisas empilhadas sem poeira —, as pilhas e os amontoados estavam lá como sobreviventes de uma tempestade. Reparei em nossa bagunça, nosso empilhamento, mas como eu poderia resolver o problema?

Tenho certeza de que isso parece bobagem para aqueles que são organizadores naturais estilo Marie Kondo, antes dessa guru da arrumação se tornar um nome conhecido. Contudo, eu acho a organização difícil, não é natural para mim. Para piorar as coisas, muitas vezes encho minha agenda de compromissos e a última coisa que quero fazer no meu tempo de livre é cuidar desse caos crônico. Mas, com uma nova inspiração, decidi tentar o que fosse necessário para dar sentido à bagunça e decidi me esforçar para criar um espaço familiar sereno.

A arte da organização é uma habilidade que se aprende, disso eu sabia. Li artigos e assisti a vídeos online sobre como organizar a casa. Vasculhei o Pinterest para descobrir como os especialistas organizavam seus armários, prateleiras, gavetas e armários. Folheie livros sobre arrumação e organização e formulei um plano.

Analisei as pilhas cômodo por cômodo e criei um lugar para tudo em nossa casa. Ficava com o que precisava, doava ou vendia o que não precisava, e incentivei Gabe e as crianças a fazerem o mesmo. Todo livro, caneta, pote, panela e peça de roupa encontrava um lugar permanente, pois, quando eu terminava de usar, tudo voltava a seu lugar. Isso era possível, eu pensei, mesmo que esses novos parâmetros expandissem o espírito livre em mim.

Durante semanas me esforcei até quase tudo estar no lugar certo. (Digo *quase* porque o armário de Gabe se tornou um depósito de lixo para as coisas sem lugar em nossas vidas.) Quando o caos de cada quarto deu lugar à ordem, notei um tipo de paz, uma recompensa imediata que me permitiu seguir adiante. Além da paz, um sentimento de orgulho e realização surgiu. Eu poderia organizar minha vida, mesmo que não fosse um talento natural. Eu poderia aprender novos truques, mesmo na casa dos 40 anos. Depois desse sentimento de realização, subi de nível. Comprei ferramentas organizacionais para o meu armário e pequenas bandejas de plástico com divisórias embutidas para as gavetas da cozinha. Eu me livrei das coisas que não cabiam nesses organizadores ou no meu armário e, após meses de trabalho, os resultados eram evidentes. Minha casa estava arrumada — e calma. Meu sentimento interior também estava assim. Esforçar-me levou a resultados tangíveis e saudáveis.

QUANDO NOS ESFORÇAMOS, DESCOBRIMOS O QUANTO PODEMOS REALIZAR, O QUÃO CORAJOSOS PODEMOS SER E O QUÃO FORTES REALMENTE SOMOS.

Nos últimos anos, sinto uma alegria inesperada em me esforçar, e não apenas organizacionalmente. Eu me esforço na minha vida de escritora, me esforço fisicamente, mesmo que seja jogando golfe com Gabe. Eu me esforço como mãe, fiz um bom trabalho aprendendo a me conectar com meus filhos, aprendendo a ouvi-los e dar a eles o que necessitam à medida que avançam para a juventude. Quando nos esforçamos, descobrimos o quanto podemos realizar, quão corajosos podemos ser e quão fortes realmente somos.

O BENEFÍCIO DE SE ESFORÇAR

Novas tarefas nos apresentam novos obstáculos e, quando os superamos, obtemos um aumento da sensação de autoconfiança. Essa confiança nos lembra de que podemos fazer a maioria das coisas em que pensamos, mesmo que não sejamos os melhores nisso. Podemos aprender novas habilidades, assumir novos hobbies, obter novas oportunidades e nos conectar com novas pessoas.

Entretanto, não se trata apenas de crescimento pessoal, construção de confiança e conexão. Esforçar-nos ajuda a quebrar a monotonia de uma rotina comum. Você não se cansa de fazer o mesmo café, os mesmos almoços, comprar os mesmos alimentos, limpar os mesmos banheiros e pagar as mesmas contas? Eu sei que eu me canso. Muitas vezes, é a repetição que me deixa um pouco entediada, um pouco deprimida. Mas, quando interrompemos a rotina, tentamos coisas novas e criamos oportunidades para que surjam sentimentos diferentes, crescemos e mudamos a dinâmica.

Existem muitas outras razões para sairmos da zona de conforto que estabelecemos para nós mesmos. Embarcar em novas experiências que pareçam constrangedoras ou desconfortáveis traz consigo vários benefícios psicológicos que nos ajudam a desenvolver um sentimento de orgulho e realização e estimular a criatividade. Talvez o mais importante seja nos sentirmos comprometidos e felizes e desenvolver uma resiliência emocional.[1] Quando nos esforçamos, mesmo nas coisas que já estamos fazendo, superamos o medo do fracasso, um atributo emocional importante em indivíduos saudáveis.

Você deve estar se perguntando: *O que acontece se eu tentar algo novo, se eu me esforçar e falhar?* Não tem problema. Mesmo quando falhamos, aprendemos coisas novas.

Podemos aprender maneiras diferentes de enfrentar um desafio ou descobrir que uma atividade não é para nós. Essas experiências de aprendizado aumentam nossa autodescoberta, o que, por sua vez, leva ao crescimento. É impossível crescer se não estivermos bem com as falhas. Sempre que nos aventurarmos em um novo território e que nos esforçarmos, provavelmente sofreremos reveses, mas, quando continuamos mesmo assim, descobrimos que é bom tentar coisas novas, independentemente do resultado.

Existem muitos benefícios bons em nos desafiar, então por que não tentamos?

EXISTEM MUITOS BENEFÍCIOS BONS EM NOS DESAFIAR, ENTÃO POR QUE NÃO TENTAMOS?

Então, o que você pode fazer para se esforçar? Você poderia tentar alguma atividade nova, que tal algum exercício físico novo, como golfe, pesca ou até mesmo assar um bolo? Qual tal assumir um novo hobby, um novo talento, talvez aprender um novo idioma? Ou talvez poderia se esforçar para aprender uma nova música, percorrer alguns quilômetros a mais ou pintar uma tela? Que tal aprender a fazer algo que está adiando porque está fora da sua zona de conforto, algo como organizar sua casa? Esforce-se e divirta-se com isso, mesmo que ache que não consegue, não seja talentoso ou não saiba nada sobre aquilo. Veja se um pouco de trabalho duro e um pouco de sucesso não fazem diferença na sua perspectiva emocional e mental.

↗ PARA REFLETIR ↖

1. VOCÊ É O TIPO DE PESSOA QUE SEMPRE FICA NA SUA ZONA DE CONFORTO OU ASSUME RISCOS E SE ESFORÇA PARA REALIZAR ALGO? EXPLIQUE SUA RESPOSTA.

2. QUANDO FOI A ÚLTIMA VEZ QUE SE VIU FAZENDO ALGO NOVO? DESCREVA O QUE ACONTECEU.

3. DE QUE MANEIRA VOCÊ PODE SE ESFORÇAR ESSA SEMANA, MESMO QUE SEJA EM ALGUMA ATIVIDADE QUE JÁ ESTEJA FAZENDO?

RITMO TRÊS

CONEXÃO

Ao começar a experimentar os benefícios de praticar os ritmos de Descanso e Restauração, seu coração, mente e alma voltarão à vida. Nesta nova vida, você descobrirá que tem algo a oferecer ao mundo ao seu redor.

Os dois primeiros ritmos — Descanso e Restauração — são ritmos de entrada, porque preenchem você. À medida que seu corpo e espírito experimentam a restauração, você transborda de energia. Você descobrirá novas perspectivas com uma imaginação desperta para os propósitos de Deus em sua vida. Com a confiança recém-descoberta de um ponto forte, você encontrará um significado mais profundo e, principalmente, um objetivo em seu dia a dia.

O Descanso e a Restauração não foram projetados para nos ajudar a se autoatualizar ou a alcançar algum estado superior de consciência. Deus tem planos maiores e menos egoístas que isso. Nossa paz é destinada a nos levar adiante em uma vida de significado e propósito com aqueles que nos rodeiam. É por isso que chamo os próximos dois ritmos — Conexão e Criação — de ritmos de *saída*, ritmos que nos ajudam a buscar bênçãos e ajudar os outros. Afinal, estar realizado não é apenas para seu benefício, mas para o benefício das pessoas ao seu redor. A comunidade espiritual e a renovação cultural só podem acontecer quando olhamos para além de nós mesmos e nos envolvemos uns com os outros de coração cheio.

À medida que estabelecemos ritmos de Descanso e Restauração, passamos automaticamente para o ritmo de saída de Conexão, não há como evitar. Quando temos algo para oferecer, estamos prontos para doar. O poder dos relacionamentos é um bálsamo curador, diferente de qualquer outro ritmo em minha vida. Nos meus piores momentos, um telefonema inesperado de um amigo, o encontro de última hora para tomar açaí (o caminho para o meu coração), um tempo com amigos ou diversão da família trazem paz e propósito como nada mais traria. Mas, em nossas vidas apressadas, se não tomarmos cuidado, a conexão pode acabar sendo deixada de lado. E, se isso acontecer, renunciamos o chamado para uma cura ainda mais profunda.

Fomos criados para nos conectar e, quando estamos integrados em nossa comunidade, estamos em nosso melhor momento, florescendo e cheios de vida. Mas, nos dias de hoje, isso exige trabalho, planejamento, coragem e comprometimento.

FOMOS CRIADOS PARA NOS CONECTAR E, QUANDO ESTAMOS INTEGRADOS EM NOSSA COMUNIDADE, ESTAMOS EM NOSSO MELHOR MOMENTO, FLORESCENDO E CHEIOS DE VIDA.

Nesta seção, compartilharemos ritmos de conexão que nos tiram do isolamento e nos levam à conexão de cura. Ao explorarmos esses ritmos, pergunte-se: *Tenho conexões significativas na minha vida, conexões que me ajudam a manter a saúde espiritual e mental, ou apenas me afundo cada vez mais no estresse e na ansiedade causados pelo isolamento?* Seja honesto. Faça anotações. Se precisar entrar em contato com um amigo a qualquer momento, não hesite. Encontre alguém para acompanhá-lo enquanto explora o poder da conexão.

SEJA O AMIGO QUE VOCÊ GOSTARIA DE TER

INICIE UMA AMIZADE

CAPÍTULO 15

CAPÍTULO 15

SEJA O AMIGO QUE VOCÊ GOSTARIA DE TER

INICIE UMA AMIZADE

A amizade perfeita é a amizade daqueles que são parecidos em suas virtudes, pois esses indivíduos se desejam bem em todas as circunstâncias e, portanto, essas amizades são boas por si só.

—ARISTÓTELES

Quando chegamos à nossa nova casa, com as chaves brilhantes nas mãos, Gabe disse para eu me preparar. Ele estava me carregando pela entrada da casa. Ao entrarmos na garagem, os ajudantes de mudança estavam ocupados empurrando móveis e caixas para dentro de casa e víamos como eles moviam a pequena história de nossa vida adulta, que havia sido encaixotada e arrastada por toda a Costa Leste até nossa casa. Depois de morar em apartamentos por vários anos e nos acostumarmos com o estilo de vida itinerante, estávamos criando raízes no Tennessee. Quando nos aproximamos dos degraus da varanda, notei uma bolsa grande pendurada na porta da frente e não pude deixar de me perguntar o que haviam deixado. Será que era o nosso primeiro presente de boas-vindas?

Antes que Gabe pudesse me erguer em seus braços, corri em direção à porta para espiar dentro da bolsa. Havia centenas de laços coloridos de todas as formas e tamanhos, e eles preenchiam o espaço. Enfiei minha mão dentro do arco-íris de cores para ver o que havia lá — nada além de laços. Abri o bilhete anexado à parte externa da bolsa e li: "Coloque esses laços em todas as caixas da mudança e diga aos seus filhos que é Natal. Desempacotar vai ficar muito mais divertido! Com amor, Elisabeth." Era apenas um bilhetinho, mas um lembrete caloroso de que, três anos depois, Nashville se tornaria um lar. Fazer amizades em uma nova comunidade leva tempo e nem sempre é fácil.

Apenas alguns anos antes, eu havia percebido que estava sozinha e sem conexões. Na verdade, eu estava tão desconectada que me perguntei: *Se eu me mudasse hoje, alguém notaria?* Aos 40 anos, refazer relações sociais e amizades profundas era um jogo diferente do que tinha sido quando tinha 20 anos. Todos estavam ocupados e sobrecarregados com as responsabilidades que acompanham carreiras e filhos. Além disso, as pessoas já tinham muitas amizades antigas e não queriam adicionar mais encontros, festas de aniversário ou jantares a suas rotinas.

Contudo, não era apenas culpa deles, eu não fazia questão. Em muitos fins de semana, eu saía da cidade por causa de meu trabalho, por isso perdia reuniões sociais. Eu sentia falta de jantares e eventos da igreja, lugares onde novas amizades podiam ser feitas. Apesar de conhecer pessoas incríveis e até fazer alguns novos amigos, optava por manter as coisas simples, pois pensava que seria difícil investir em amizades, já que estava sempre em movimento, sempre ausente.

Eu sabia a importância da amizade na minha vida. Desde a adolescência, Deus me abençoou com bons amigos. No ensino médio, eu era parte de um grupo de garotas que eram grudadas. Então, na faculdade, havia outro grupo de estudo bíblico semanal que durou quatro anos. Nós compartilhamos Escrituras e segredos, e até fomos aos casamentos umas das outras. Aos 20 anos, novas mulheres entraram em minha vida e nós nos aproximamos, seguramos os filhos uma das outras, cozinhamos juntas, organizamos encontros e festas de aniversário. Nós éramos abertas e honestas umas com as outras, e essa atmosfera de receptividade e honestidade nos dava uma sensação de pertencimento e amor.

Gabe e eu estávamos na casa dos 30 anos quando nos mudamos para Nova York. E começar de novo em uma nova cidade não foi fácil. Mas, em sua fidelidade, Deus me trouxe um novo grupo de amigos e nós nos aproximamos. Durante o café da manhã de terça-feira no Upper West Side e o estudo bíblico de segunda-feira à noite no Brooklyn, nossos corações estavam ligados. Quando reflito sobre a riqueza desses grupos, quão honestos e duradouros eram, como me ajudaram a me adaptar a uma nova fase, fico muito agradecida.

Contudo, também havia outro lado da amizade. Ao longo dos anos, aprendi sobre a instabilidade de algumas amizades e o quão ansiosa essa instabilidade me deixa. Eu tinha duas amigas que vieram de épocas difíceis: uma na fase dos 20 anos e uma na fase dos 30. Na época, eu não conseguia imaginar perder nenhuma delas. Então, cada vez mais me tornei uma pessoa afobada que exigia atenção. Eu me esforçava cada vez mais para ganhar o amor delas, tentei mudar quem eu era para convencê-las a continuarem sendo minhas amigas. Não deu certo e, nas duas vezes, fiquei pensando: *O que há de errado comigo?*

150 | CONEXÃO

EU SOU DEMAIS OU NÃO SOU O SUFICIENTE?
POR QUE COLOCO TANTA PRESSÃO NAS AMIZADES?

Essa ansiedade transbordou para os meus outros relacionamentos. Se um amigo comentasse que eu era muito vulnerável, eu me controlaria. Se diziam que eu era séria demais, eu me alegraria. Muito intensa, eu moderaria minhas reações. Eu mudaria qualquer coisa para não perder outro amigo. Dói demais. Pisando em ovos, eu tinha medo de ser eu mesma, medo de viver na plenitude de quem Deus me criou para ser.

Mas não importa como eu tentava agradar as pessoas ou mudar para que elas me aceitassem, eu não conseguia me livrar da ansiedade.

Eu sou demais ou não sou o suficiente? Por que coloco tanta pressão nas amizades?

Então, a crítica de alguns amigos ficou muito forte e, antes que eu percebesse, ocorreu uma transferência: as mentiras que ouvia pararam de vir deles e começaram a surgir dos meus próprios pensamentos. Eu ouvia a voz na minha cabeça com mais frequência do que confiava no coração que Deus me deu.

Como saber como escolher os amigos certos?

Estou colocando a amizade acima do Deus que a proporciona?

Eu deixara algumas experiências ruins reformularem minha perspectiva e precisava de uma mudança.

Na esperança de mudar minha atitude, que não estava me levando a lugar nenhum, comecei a estudar a amizade. Descobri que, séculos atrás, Aristóteles definiu três tipos diferentes de amigos que tendem a entrar em nossas vidas. Existem amizades por *interesse*, por *prazer* e a amizade baseada na *virtude* — aquela considerada ideal. Essas amizades vão além da conveniência e nos encorajam em nossos interesses compartilhados.[1]

Aristóteles escreveu: "Os que amam por interesse, amam por causa do que é bom para si mesmos, e os que amam por prazer o fazem por causa do que é agradável para si."[2] No entanto, o que alguém acha interessante ou prazeroso, Aristóteles diz: "Não é permanente, mas está em constante mudança; assim, quando o motivo da amizade é eliminado, ela é dissolvida."[3] Isso me pareceu verdadeiro. Algumas das feridas profundas de amizade que experienciei se encaixam nessas duas primeiras categorias. Os momentos de nossas vidas nos uniram, mas as paixões e os interesses compartilhados nem sempre estavam presentes. Eu era tão culpada quanto qualquer um de ter sido uma amiga por conveniência, e não uma amiga por virtude.

Eu quis ser uma amiga apenas por interesse ou por prazer?

Ao ler Aristóteles, sabia que precisava me dedicar a fazer amizade com pessoas com quem eu compartilhava interesses. Mas por onde eu começaria?

Um dia, liguei para Trina, minha amiga há 20 que morava longe, e compartilhei como me sentia cansada ao pensar em fazer novas amizades. Ela me conhece desde que comecei minha vida adulta, antes de bebês, crianças e adolescentes. E ela esteve comigo em todos os meus altos e baixos. Depois de desabafar, ela me lembrou do quão capaz eu havia sido em ter uma amizade fiel, especialmente depois que me senti livre para ser eu mesma. Eu experimentei a verdade das reflexões de Aristóteles: achei fácil me sacrificar por amigos que tinham a mesma opinião e uma visão semelhante da minha para a vida. Trina me convenceu de que valia a pena arriscar novamente e me lembrou do axioma em que vive: seja o amigo que você gostaria de ter.

SEJA O AMIGO QUE VOCÊ GOSTARIA DE TER.

É simples assim. Com um tom de "regra de ouro", esse ditado me lembrou de que, se eu pudesse amar o próximo e meus amigos tanto quanto a mim mesma, minhas amizades seriam notáveis. Eu sabia que amigos extraordinários aliviam o estresse de amizades superficiais e a ansiedade que muitas vezes vem com a solidão, mas, para fazer esse tipo de amigo, eu mesma preciso ser uma amiga consistente. Se eu quisesse um círculo de amizades confiável, precisaria ser confiável. Se eu quisesse um amigo autêntico, precisaria ser autêntica.

Decidi fazer algumas mudanças. Baixei a guarda e procurei oportunidades para me conectar mais com as pessoas ao meu redor. Eu estaria aberta a quem Deus me trouxesse enquanto ajustava meus ritmos para dar espaço ao que Ele poderia ter em mente.

Comecei a diminuir os compromissos para poder ficar mais em casa. Criei mais espaço no meu calendário para estar disponível quando necessário, não apenas quando fosse possível. Parei de ajustar quem sou para satisfazer os outros e fiquei mais confiante nas maneiras que Deus me criou para relacionamentos. Fiz o meu melhor para viver conscientemente e com vulnerabilidade, entrando em relacionamentos com pessoas semelhantes.

Decidi viver desta nova maneira: ser a amiga que eu gostaria de ter. Ao fazê-lo, descobri que estava cultivando amizades profundas, encantadoras, amizades fáceis. A ansiedade que eu carregava sobre fazer novas conexões desapareceu e eu estava ansiosa para passar um tempo com meus novos amigos. Quando parei de me concentrar apenas em mim, quando me concentrei em como poderia amar meus amigos de uma forma boa, incentivá-los e estar presente em momentos de necessidade, tudo mudou.

REIMAGINE A AMIZADE

E se deixarmos que Deus se encarregue de nossas amizades? E se confiarmos que ele coloca as pessoas certas em nossas vidas nos momentos certos? E se fôssemos autênticos com essas pessoas, deixando-as ver o bem, o mal e o incerto que existe em nós? E se nós nos sacrificássemos, fôssemos presentes, generosos, agradáveis e clementes com essas pessoas? E nas épocas difíceis em que os amigos pensam que somos exagerados, ou insuficientes, ou precisamos mudar, e se os deixássemos ir embora? (Isso seria libertador, não seria?)

Nem sempre faço isso de forma correta, é claro. Às vezes, eu ainda me doo incondicionalmente. Ainda me magoo, nutro minha mágoa e, às vezes, ainda tento me tornar o que acho que meus amigos querem que eu seja (velhos hábitos são difíceis de abandonar). Mas estou aprendendo, e, quanto mais volto à ideia de ser o tipo de amigo que gostaria de ter, mais fácil é navegar de volta para as amizades que Deus deseja para mim, aquelas que me fazem estar presente.

Estamos presentes um para o outro de maneira simples quando praticamos a continuidade, proximidade e permanência. Quando somos autênticos. Quando abençoamos. Quando amamos. À medida que avançamos nesse tipo de amizade, encontramos um ritmo de conexão que nos resgata da ansiedade de amizades baseadas em desempenho e nos firma em uma comunidade de amor, e é ela que nos dá a coragem para nos aventurar no mundo como a bênção que fomos feitos para ser.

SEJA UM AMIGO, SEJA UMA BÊNÇÃO

Minha amiga Amber tem uma maneira única de compartilhar as bênçãos da amizade em sua própria comunidade. Ano após ano, ela e um grupo de amigos se reúnem para comemorações de aniversário e, quando o fazem, dão a volta na mesa, cada um abençoando o aniversariante para o próximo ano. Movida pela história, desejando ser o mesmo tipo de amiga, deixei uma mensagem de bênção no aniversário dela, dizendo:

> Vi uma paz se estabelecer em você no ano passado, pois você carrega uma confiança tranquila de que Deus está com você e guia seus passos. Não importa o que os outros pensem, Deus sabe que seu coração é diligente, disposto e humilde. Fui abençoada com sua amizade ao longo dos anos, mas este ano sou particularmente grata por uma amiga que é firme em sua fé e leal ao seu povo. Obrigada por permanecer comigo, mesmo com a distância. Considero sua amizade uma alegria, porque você está sempre à disposição, é acessível, fácil de confiar e amorosa. Mal posso esperar para ver como essa inundação de bênçãos influenciará o próximo ano.

Era uma coisa simples, de verdade, mas, ao compartilhar a bênção com Amber, senti a verdade das palavras de Trina me inundando. Eu estava sendo a amiga que eu queria ter, o tipo de amiga que Amber é para mim. Naquele momento, senti alegria e paz. Naquele momento, não havia ansiedade.

Você tem dificuldade em fazer amigos? Você não tem uma conexão significativa em sua vida? Suas amizades são superficiais, baseadas em interesse, prazer ou conveniência? Aproxime-se. Seja intencional. Seja o amigo que você gostaria de ter. Veja se isso não cultiva o tipo de amizade que deseja, amizades baseadas em amor, bênção, apoio mútuo e liberdade.

↗ PARA REFLETIR ↖

1. VOCÊ SENTE ANSIEDADE, ESTRESSE OU PRESSÃO QUANDO PENSA EM FAZER AMIZADES? POR QUÊ?

2. VOCÊ TEM UM GRUPO DE AMIGOS COM O QUAL PODE COMPARTILHAR UMA RISADA, CHORAR E VIVER COM ELES SEUS PIORES MOMENTOS? SE NÃO, QUAIS SÃO AS BARREIRAS PARA CRIAR ESSE TIPO DE AMIZADE?

3. QUAIS SÃO AS QUALIDADES DO SEU AMIGO IDEAL? COMO VOCÊ PODE SER ESSE AMIGO PARA OUTRA PESSOA?

SEJA VULNERÁVEL

JUNTOS SOMOS MELHORES

CAPÍTULO 16

CAPÍTULO 16

SEJA VULNERÁVEL

JUNTOS SOMOS MELHORES

Autenticidade é uma coleção de escolhas que fazemos todos os dias. É sobre a escolha de ser presente e ser real. A escolha de ser honesto. A escolha de deixar nossa verdadeira identidade ser vista.

—BRENÉ BROWN

Alguns meses atrás, encontrei alguns amigos para comer hambúrgueres e batatas fritas e, na tentativa de desabafar, compartilhei um pouco mais da minha intimidade do que era apropriado para essa situação com esse grupo em particular. Eu imediatamente quis retirar minhas duas últimas frases, mas lá estavam elas, pairando no ar, para que todos pudessem ouvi-las. Uma pessoa começou a me pressionar ainda mais e, a cada pergunta, eu ficava cada vez mais desconfortável diante do grupo. Minha tentativa de confidenciar, expor algumas das minhas tensões e medos, saiu pela culatra. Finalmente, alguém me salvou mudando de assunto.

Corri para o banheiro, depois paguei a conta. O carro parecia estar longe demais.

Naquele dia, aprendi algo importante sobre vulnerabilidade: é necessário refletir sobre o que compartilhar, quando compartilhar e com quem compartilhar. Nem todos os grupos são os melhores lugares para conversas vulneráveis que exigem mais explicações. Você pode se arriscar a ser mal compreendido, na melhor das hipóteses.

Ao desenvolver seu círculo de amizades confiável, exercite sua sabedoria em relação a quando, onde e com quem compartilhará as coisas mais profundas. Quando você encontrar as pessoas certas, continue revelando seu eu mais profundo com elas, afinal, enquanto a vulnerabilidade com pessoas erradas promove sentimentos de inferioridade e julgamento, a vulnerabilidade com as pessoas certas traz confiança, reforça nossos sentimentos de amor e traz esperança.

Como escreve a querida assistente social Brené Brown: "A vulnerabilidade é o berço do amor, pertencimento, alegria, coragem, empatia e criatividade. É a fonte de esperança, empatia, responsabilidade e autenticidade. Se queremos maior clareza em nosso propósito ou vidas espirituais mais profundas e significativas, a vulnerabilidade é o caminho."[1]

O PODER DE CONEXÃO DA VULNERABILIDADE

Gabe foi o primeiro a me ensinar o poder de conexão da vulnerabilidade. Por 23 anos, ele viu o meu pior absoluto, mas também acreditou no meu melhor. Ele nunca exige que eu seja menos natural ou menos autêntica, e ele sempre foi terno com meu coração. Ele me forneceu um lugar seguro onde eu podia ficar vulnerável, desabafar e compartilhar tudo. Nessa vulnerabilidade, ele foi paciente com a minha cura, ele me guiou de volta para o resgate de Jesus. Ele esteve presente para mim de forma que os outros nunca poderiam ser se vissem meus piores dias, e ele criou espaço para que eu fosse vulnerável. Eu me libertei da culpa e vergonha. Eu encontrei cura.

Enquanto Gabe foi meu primeiro guia em minha jornada em direção à vulnerabilidade, minha amiga Lauren me ensinou como entender a vulnerabilidade nos relacionamentos fora do meu casamento. Alguns anos atrás, nos tornamos amigas rapidamente por causa de nossas mudanças simultâneas para Franklin, de diferentes cidades. Desde o começo, eu sabia que podia contar qualquer coisa a ela sem julgamento. Ela me ajudou a apreciar a liberdade e a segurança que a vulnerabilidade traz quando confiada às pessoas certas. Compartilhamos lágrimas, risos e muita oração. Ela é uma dádiva de Deus.

Em um outono, Lauren e eu passamos um fim de semana na praia, para relaxar, nos divertir e reequilibrar. Na primeira tarde ensolarada, fizemos uma caminhada ao longo do golfo e, em poucos minutos, comecei a desabafar coisas que não sabia que precisavam ser postas para fora. Às vezes, precisamos do cenário e da pessoa certa para descobrir as feridas que sobrecarregam nossos corações, e foi exatamente o que aconteceu. Ela ouviu, compartilhou suas próprias lutas, foi empática e ofereceu alguns conselhos muito bons. Nossa tarde de conversa se tornou uma tarde de orações e aconselhamentos espontâneos com sua sábia mãe, que também estava na cidade. Eu revelei algumas das minhas mágoas mais profundas a uma amiga de confiança e ela respondeu da mesma forma. No final do dia, me sentia mais conectada, mais aceita. E quando o fim de semana terminou, voltei para casa mais leve, mais segura e mais saudável do que há tempos não me sentia. Esse é o poder de ficar vulnerável com alguém que ama e se importa.

Jeff Polzer, professor de comportamento organizacional em Harvard, diz: "As pessoas tendem a pensar na vulnerabilidade como algo sentimental, mas não é bem assim. Trata-se de enviar um sinal muito claro de que você tem pontos fracos, de que pode precisar de ajuda."[2] Ele desenvolveu um modelo de ciclo de vulnerabilidade que exibe como a conexão e a confiança podem acontecer rapidamente entre dois indivíduos: a pessoa A envia um sinal de vulnerabilidade; a pessoa B detecta esse sinal; a pessoa B responde sinalizando sua própria vulnerabilidade; a pessoa A detecta esse sinal; e, finalmente, um padrão está estabelecido: proximidade e aumento da confiança.[3]

A chave para a conexão profunda é encontrada em nossa capacidade de detectar o sinal e responder com nossa própria vulnerabilidade. Não basta apenas ouvir, nós devemos responder. Temos que estar dispostos, como John Townsend diz, "a ficar no fundo do poço com alguém"[4], e ver a vida do ponto de vista dele. Se a princípio isso parecer arriscado e difícil de imaginar, acredite em mim. Dar pequenos passos, optar por confiar e ficar vulnerável com as pessoas certas pode trazer liberdade e conexão de uma maneira que você nunca imaginou.

Lauren é uma das poucas amigas que me ensinaram o poder da vulnerabilidade. Algumas dessas amigas eu conheço desde o ensino médio, enquanto outras conheci com uns 20 anos. Nas noites em família, quando morávamos na mesma cidade, passamos por grandes perdas inesperadas, e essas mulheres me mostraram o profundo poder da conexão. Ao longo dos anos, desfrutei de mais encontros com elas do que posso contar, sempre priorizando passar o tempo juntas, o máximo possível. Quando nos reunimos, nosso tempo consiste em atualizações da vida através de risos e lágrimas, presentes criativos, comida incrível e conversas ininterruptas de pijama à meia-noite.

Essas amigas me ajudaram quando eu precisava de conforto e me desafiaram quando eu precisava ser confrontada. Quando falei abertamente sobre minha ansiedade e pânico anos atrás, elas ficaram comigo nos meus momentos mais vulneráveis e me ajudaram a acreditar que a plenitude era possível. Nós compartilhamos muito umas com as outras ao longo dos anos e, embora os temas das mensagens de texto tenham passado da vida das crianças para os pequenos acidentes que nossos novos motoristas adolescentes se envolvem e qual óleo essencial colocar em uma irritação no pescoço, estamos comprometidas a estar presentes.

O que me manteve perto de cada uma dessas mulheres é a abertura para estarem vulneráveis. Há uma segurança por passar por altos e baixos ao longo dos anos, em dar e receber bênção. Embora tenhamos vivido boa parte de nossas vidas em diferentes cidades, parece que estamos envelhecendo juntas. De novas mães que se mantiveram juntas em salas de parto, encontros de bebês, lidar com a angústia do ensino médio, cuidados com pais idosos e lidar com casamentos, ficamos juntas durante tudo isso.

De muitas maneiras, Gabe, Lauren e essas outras mulheres incríveis refletiram para mim como o amor de Deus é em longo prazo. Deus conhece o meu pior, mas acredita no meu melhor. Ele me convida a compartilhar minha vulnerabilidade com ele, a revelar tudo e, quando eu o faço, Ele se revela cada vez mais sua perfeição como pai-coração. Ele se torna meu porto seguro, meu refúgio. Ele me liberta das opiniões dos outros e das preocupações do meu próprio coração. Ele me mostra como receber abundância para que eu possa servir aos outros, não apenas com minha força, mas com a Dele. Ele me ensina como abrir espaço para a vulnerabilidade dos outros também.[4]

ASSUMA O RISCO E ENCONTRE CONEXÃO

Vamos ser sinceros: todos precisamos sentir esse tipo de conexão, vínculo e amor. Elas devem deixar de ser ideias para se tornarem partes tangíveis de nossas vidas. Quando experimentamos uma conexão profunda, somos mais saudáveis, mais confiantes, mais aceitos. Essas mulheres e nossos ritmos de conexão tiveram um papel importante na minha história. Por causa da confiança e do apoio em relação aos fardos umas das outras, cada um de nós se torna mais forte. Mas nem sempre é assim que acontece, então permita-me compartilhar uma advertência sobre a vulnerabilidade. Às vezes, ela não funciona como esperamos.

VAMOS SER SINCEROS: TODOS PRECISAMOS SENTIR ESSE TIPO DE CONEXÃO, VÍNCULO E AMOR.

Talvez você tenha tentado abrir seu coração com um amigo, parente ou cônjuge, e em algum lugar ao longo do caminho sentiu vergonha por esses sentimentos. Em vez de ser acolhido em sua vulnerabilidade, de ser abraçado, valorizado e compreendido, sentiu uma pontada de traição. Em vez de enfrentar o ciclo da vulnerabilidade, você enfrentou um bloqueio de vulnerabilidade. Conheço essa dor e ouvi inúmeras histórias de outras pessoas que também conhecem. Mas isso não significa que devemos deixar de ser vulneráveis.

O inimigo de nossas almas quer que sejamos isolados e sozinhos. Ele sabe que, quando estamos isolados, somos presas fáceis. Por quê? Quando estamos sozinhos e vulneráveis, sentimos medo, mas, quando estamos juntos e vulneráveis, nos tornamos corajosos. Um grupo corajoso de pessoas vulneráveis agindo juntas na fé não é facilmente superado pela ansiedade e pelo estresse.

QUANDO ESTAMOS SOZINHOS E VULNERÁVEIS, SENTIMOS MEDO, MAS, QUANDO ESTAMOS JUNTOS E VULNERÁVEIS, NOS TORNAMOS CORAJOSOS.

Em que situação você precisa ser vulnerável? Talvez uma luta com a insegurança? Comparação? Um relacionamento que você deseja restaurar? É difícil saber por onde começar, a menos que tenhamos um momento para fazer uma pausa e refletir, colocar em palavras o que estamos internalizando. Não podemos compartilhar coisas sobre nós mesmos que ainda não percebemos, mas, uma vez que tomemos consciência delas, podemos nos abrir para os outros.

Com quem você pode compartilhar seus pensamentos mais profundos? Com seu cônjuge, seu filho, seus pais, um amigo? Pegue o telefone e faça uma ligação. Conecte-se — realmente conecte-se com vulnerabilidade verdadeira — com aqueles que ama. Sua coragem de trazer à tona todo o seu belo ser pode inspirá-los a fazer o mesmo. Nessa conexão vulnerável, vocês fortalecerão a coragem um do outro, amarão um ao outro e apontarão um ao outro a Deus, que pode fortalecê-los mesmo nas horas mais sombrias.

⤻ PARA REFLETIR ⇖

1. ESCREVA SOBRE A ÚLTIMA VEZ QUE VOCÊ COMPARTILHOU SUA VULNERABILIDADE COM ALGUÉM. COMO SE SENTIU DEPOIS DE COMPARTILHÁ-LA?

2. QUAIS SÃO AS COISAS QUE O IMPEDEM DE SER VULNERÁVEL COM OS OUTROS?

3. QUAL A COISA QUE PREFERE NÃO COMPARTILHAR COM ALGUÉM — UMA COISA QUE, SE COMPARTILHAR, SE SENTIRÁ LIVRE? COM QUEM PODERIA COMPARTILHAR ISSO?

POLÍTICA DAS PORTAS ABERTAS

FESTA AMERICANA NO MELHOR ESTILO

CAPÍTULO 17

CAPÍTULO 17

POLÍTICA DAS PORTAS ABERTAS

FESTA AMERICANA NO MELHOR ESTILO

O principal impulso da hospitalidade é criar um lugar seguro e acolhedor, onde um estranho possa ser convertido em amigo.

—JOSHUA W. JIP

"Venha e traga toda a família. Mal podemos esperar para vê-la!" Não canso nunca de ouvir essas palavras. A recepção de amigos que se parecem família me acolhendo — não importa o momento, hora da noite ou necessidade — proporciona um alívio raro em nosso mundo.

Meus primos, a família Scarberry, são mestres no que diz respeito a esse tipo de hospitalidade de estar sempre de portas abertas. A hospitalidade está no sangue deles e suponho que eles a cumpram honestamente. Quando penso na minha infância, toda lembrança que tenho de visitá-los — geralmente depois de uma viagem de 22 horas de carro da Flórida até a casa deles em Wisconsin — é cheia de carinho e acolhimento. Lá seríamos cobertos com risadas e receberíamos fortes abraços. Meu tio Rick e tia Martha nos mimavam bastante, e minha tia enchia nossas barrigas com refeições feitas com suas próprias receitas. Eles viviam com um espírito contagiante de generosidade que passaram para a próxima geração.

Hoje, seus filhos, que já estão na casa dos 40 anos, continuam seu legado. Mas o esforço de meus primos sobre uma vida de união não veio sem propósito. Há 18 anos, meu tio Rick (pai deles) faleceu de um ataque cardíaco. Nove anos depois, minha tia foi diagnosticada com câncer de pâncreas. Ela faleceu alguns meses depois. Ainda assim, o legado deles de amor por meio da hospitalidade permaneceu forte.

Atualmente, os três irmãos e suas famílias vivem no sul da Flórida. Eles se mudaram para o mesmo bairro vindos de todo o país. A irmã mora a algumas horas de distância e visita-os com frequência por um motivo: estar muito próximos um dos outros os ajudou a estruturar suas vidas para aprofundar o relacionamento e a conexão familiar. A prioridade de estar juntos era mais importante do que suas oportunidades individuais, suas carreiras e seus sucessos financeiros.

Em uma cultura que preza o espírito individual — ser e fazer o que você quiser, onde quiser —, admiro como eles priorizaram a conexão em detrimento da ambição. Além disso, eles continuam convidando outras pessoas para fazer parte de sua vida familiar. Permanecem sendo pessoas hospitaleiras que convidam novos amigos para compartilhar de sua comida caseira e participar de encontros noturnos espontâneos, são uma família aberta, um sopro de ar fresco em uma cultura de portas fechadas.

Nossa família se beneficiou da cultura de porta aberta dos Scarberry. Seja na véspera de ano-novo, na Páscoa ou no verão, se estivermos nas proximidades, somos bem-vindos, e é um convite que seríamos loucos de não aceitar. Todas as férias sua casa fica lotada; a ilha da cozinha, carregada de refeições uma atrás da outra. Há calda de chocolate e biscoitos caseiros no café da manhã, ombro de porco assado no almoço e pizzas caseiras no jantar. As crianças nunca ficam sem apetite, pois entre as refeições correm de casa em casa, andam de bicicleta na vizinhança, nadam na piscina da comunidade e cantam karaokê até meia-noite. Parece nunca haver um limite para o número de pessoas que meus primos podem hospedar em suas casas. Sempre existem novos bebês, novas receitas e conversas sobre mudanças na vida. Compartilhamos tudo juntos, até o épico vírus da influenza de 2017, quando todos os 40 de nós acabamos celebrando o ano-novo ajoelhados diante do deus da porcelana o dia inteiro.

Famílias como os Scarberry são o epítome da diversão. Eles ficam confortáveis ao remover todas as barreiras. Acreditam que *mais* é melhor e *agora* é tão bom quanto amanhã. Em vez de se esconderem em conforto ou isolamento, eles compartilham sua abundância, e me lembram de como o verdadeiro poder da conexão ocorre quando damos as boas-vindas a outras pessoas em nossas vidas e nossos espaços. Não sei você, mas esse é o tipo de família que quero ter.

POLÍTICA DE PORTAS ABERTAS

Gabe e eu somos inspirados por essa política de portas abertas. Então, quando vimos nossa casa em Franklin pela primeira vez, sabíamos que seria a opção perfeita para nossa família. Tinha uma varanda longa e larga, e poderíamos imaginá-la cheia de cadeiras de balanço. Imaginei então como seria a nossa casa: um lugar onde a família e os amigos se reuniriam.

Desde as primeiras flores da primavera até as últimas folhas do outono, aproveitamos ao máximo essa varanda. Em algumas manhãs, eu assisto ao nascer do sol com Gabe, café na mão. Às vezes, nosso cardeal favorito pousa em uma cadeira próxima a nós, constantemente voando em direção à sua própria reflexão na janela, imaginando se é bem-vindo. Ele é. Encontrei a calma do campo e quero oferecer esse mesmo lugar de paz a qualquer pessoa que o deseje, mesmo quando não estamos em casa.

Então, expandimos nossa política de portas abertas, desenvolvendo uma política de varanda aberta. Quando alguém precisa respirar, limpar a mente ou sonhar, sempre é bem-vindo. Recentemente, eu estava correndo pelo aeroporto entre voos e recebi uma mensagem perguntando se eu estava em casa. Um amigo queria visitar apenas para dar uma respirada. Mesmo que eu não estivesse em casa, a resposta foi imediata: "Por favor, venha."

Organizamos encontros e festas de aniversário improvisadas em nossa varanda, assistimos à captura de vaga-lumes nas noites de verão ao entardecer e compartilhamos limonada com amigos que viajam pela cidade. Outro dia, nosso amigo Tim montou uma estação de pintura nos degraus da varanda, com uma lata de aquarelas na mão. Orei com amigos em nossas cadeiras de balanço enquanto eles se preparavam para se mudar para uma nova cidade; chorei quando minha sogra compartilhou sua jornada de cura do câncer; e compartilhei momentos de reflexão com minha irmã enquanto processávamos a morte de nosso pai. Quando o frio se aproxima, levamos esses encontros para dentro de casa. Seja uma tarde de decoração de biscoitos com adolescentes, um café ou brunch improvisados ou uma reunião de "ação de graças entre amigos", todos se amontoam na ilha da cozinha, ansiosos para se conectar.

CRIAR UMA CULTURA SUSTENTÁVEL DE HOSPITALIDADE EXIGE FREQUÊNCIA CASUAL, ENCONTRAR-SE REGULARMENTE, VISITAR E RECEBER AS PESSOAS À SUA MANEIRA.

A hospitalidade não exige uma refeição elaborada com seu melhor conjunto de pratos ou a garantia de que todos os cantos estejam limpos. As pessoas desejam conexão e gostam de se reunir, mesmo que a casa não esteja perfeita. Criar uma cultura sustentável de hospitalidade exige frequência casual, encontrar-se regularmente, visitar e receber as pessoas à sua maneira. Abraçar a conexão em vez da perfeição eleva meu espírito e encoraja meus amigos.

Há um ano, eu queria estabelecer novas tradições de férias e conectar algumas mulheres incríveis de nossa cidade. Contudo, nossa casa ainda não estava completa, ainda tínhamos um projeto de construção surgindo em nossas cabeças e nosso quintal estava uma bagunça. Com todas as minhas obrigações, eu achava difícil manter uma casa limpa, mas deixei essas preocupações de lado e, por um capricho, mandei uma mensagem de texto para 20 amigas que não se conheciam e as convidei para um brunch de Natal na sexta-feira de manhã. Era uma chance de apresentar pessoas que precisavam se conhecer, mas provavelmente nunca se encontrariam sem um pouco de intervenção. Fiquei surpresa quando 18 disseram que poderiam vir! Então, 24 horas antes, uma convidada sugeriu que fizéssemos nosso brunch com o tema "suéter feio". Às nove horas da manhã seguinte, metade do grupo vasculhava os armários dos filhos ou passava por um brechó, vestindo qualquer suéter horrível que pudesse encontrar.

Essa brincadeira improvisada fez um vínculo imediato surgir. À medida que cada convidada chegava, gargalhadas eram soltas entre as mulheres, que eram estranhas completas, mas que se tornavam amigas rapidamente. Agora, um ano depois, o grupo "Brunch de Natal na casa da Rebekah" ainda está forte! Nos últimos 12 meses, tivemos atualizações de nascimento, de adoção, do Haiti, de mudanças, cirurgia cardíaca e unidade de terapia intensiva pediátrica.

ACOLHA UM DESCONHECIDO

Talvez você pratique esse tipo de hospitalidade, mas é uma virtude rara em nossa cultura, mesmo que agora seja mais necessária do que nunca. Um estudo recente do Pew Research Center mostra que, entre os adultos nascidos nos EUA que moraram em mais de uma comunidade, quase quatro em cada dez (38%) dizem que o lugar que consideram seu lar não é onde moram no momento,[1] e, como apenas um terço dos norte-americanos conhece seus vizinhos, estamos todos muito mais solitários do que costumávamos ser.[2] Não apenas isso, mas como nossa presença vem se tornando mais digitalizada e menos pessoal, nossos métodos de comunicação não são suficientes para suprir aquilo que precisamos — *conexão humana próxima*. Em um clima polarizado, no qual as pessoas se sentem mais divididas do que nunca, são incentivadas a se reunir com aqueles que pensam, acreditam e veem como elas, temos a oportunidade de fazer o contrário — de acolher as pessoas.

Jon Tyson, nosso pastor em Nova York, diz: "A hospitalidade bíblica é um ambiente de boas-vindas, onde a identidade de uma pessoa é transformada de um estranho para um membro da comunidade, a fim de que essa pessoa possa pertencer. É transformar *o outro* em 'uns aos outros'." Não é isso que todos desejamos? Deixar de ser *o outro* para se tornar *uns aos outros*? Quanto mais velha fico, mais simplifico o que é mais importante para o meu coração nesta segunda metade da vida. Quero que minha missão seja ajudar as pessoas a pertencerem. Quero que nossa casa receba não apenas nossa família nuclear, mas qualquer pessoa que Deus coloque na nossa frente, seja uma criança abandonada do outro lado do mundo, um estudante universitário local ou uma reunião do clube de suéteres feios.

QUANDO ABRO MINHA CASA, QUANDO ME CONECTO COM OS OUTROS, ESTENDENDO A HOSPITALIDADE, VIVO NA GENEROSIDADE QUE DEUS CRIOU.

Quando abro minha casa, quando me conecto com os outros, estendendo a hospitalidade, vivo na generosidade que Deus criou. Pressão e estresse desaparecem quando eu compartilho espaço com os outros. Por meio da hospitalidade, encontro uma verdadeira comunidade, conexão com amigos, familiares e com aqueles que agora amamos ou a quem em breve amaremos, porque me disponibilizei e abri nossas portas.

↗ PARA REFLETIR ↖

1. QUEM É A PESSOA MAIS HOSPITALEIRA QUE CONHECE? QUAIS CARACTERÍSTICAS DE HOSPITALIDADE ESSA PESSOA TEM?

2. QUANDO FOI A ÚLTIMA VEZ QUE ABRIU SUA CASA A AMIGOS OU FAMÍLIA?

3. COMO PODE ESTENDER SUA HOSPITALIDADE PARA ALGUÉM ESTE MÊS?

LEVEM OS FARDOS UNS DOS OUTROS

CARREGUEM AS CARGAS

CAPÍTULO 18

CAPÍTULO 18

LEVEM OS FARDOS UNS DOS OUTROS

CARREGUEM AS CARGAS

Levem os fardos uns dos outros.

—APÓSTOLO PAULO

Nossa família antecipou a morte de meu pai e passamos a última semana nos revezando ao lado da cama, cantando salmos e hinos, enquanto ele balançava sua cabeça com os olhos arregalados a cada leitura das Escrituras. Compartilhei com papai o que estava para acontecer, como ele logo estaria com Jesus. O véu era fino, seu semblante brilhava. Ele sabia que eu sabia, todos sabíamos: o fim estava próximo.

Meu pai deu seu último suspiro nas primeiras horas da manhã de uma terça-feira. Quando acordei com a notícia, chorei na minha cama. Ao anoitecer, Gabe, minha irmã, as crianças e eu nos aconchegamos na sala de estar em família, compartilhando todas as lembranças dele que poderíamos lembrar — todas as histórias que eu não queria que meus filhos esquecessem.

No dia seguinte, deixei minha irmã no aeroporto e entrei na interestadual para a longa viagem para casa. Foi a primeira vez em três semanas que fiquei sozinha. Estava chovendo torrencialmente e a água lavava uma camada de pólen do meu carro, dos prédios e das ruas, e, quando as nuvens se abriram, o mesmo aconteceu com o meu coração, que soltava soluços para se igualar à torrente contra o meu para-brisa. O carro se arrastava enquanto eu lutava para ver através das minhas lágrimas. E, como estava finalmente sozinha, fui capaz de liberar o peso que sentia. Eu estava livre das expectativas dos outros, dos olhos cheios de preocupação, de frases como "Muito obrigado por ter vindo" e "Sou muito grata por suas orações". Repeti essas frases repetidamente por dias.

Enquanto dirigia, lembrei-me de uma antiga tradição de luto sobre a qual havia lido. Nos tempos romanos, após a morte de um ente querido, as mulheres armazenavam suas lágrimas em uma garrafa. Era um sinal de respeito à pessoa que falecia. E, quanto mais lágrimas eram coletadas, mais valiosa a garrafa se tornava.[1] Essa tradição me lembrou da história das Escrituras de uma mulher que desabou em sua festa de casamento, que se perdeu em uma dívida de gratidão quando encontrou Jesus. Ela caiu de joelhos e chorou, suas lágrimas espalhando-se pelos pés dele. Jesus ficou emocionado com esse derramamento sagrado de mágoa, sua demonstração de vulnerabilidade. Ele a elogiou por isso, a abençoou e até disse: "Seus pecados estão perdoados."[2] As lágrimas eram o caminho para sua cura.

CHORAR É A MANEIRA NATURAL DO NOSSO CORPO DE DESCARREGAR O ESTRESSE E A ANSIEDADE, E NOS LEVAR EM DIREÇÃO A NOVAS ESTAÇÕES DE CURA.

Nunca pensei que as lágrimas fossem purificadoras, mas, enquanto dirigia, percebi que eram. Minhas lágrimas estavam de alguma forma purificando meu coração, lavando o excesso de tristeza e dor. Enquanto eu chorava, era como se minhas lágrimas também estivessem derramando-se nos pés de Jesus. Eu quase podia sentir minha cura se iniciando.

Meu conselheiro tem um lema: "Se você está chorando, está se curando." É uma verdade que conselheiros, pastores, padres, orientadores espirituais e pessoas com alta inteligência emocional conhecem há anos, e as pesquisas corroboram essa concepção. Quando nos permitimos sentir, descarregar nossos sentimentos, isso tem efeitos positivos em nosso estado emocional. O choro pode ser tranquilizante e elevar o humor melhor do que qualquer antidepressivo.[3] "O choro não apenas nos purifica mentalmente, mas também purifica o corpo. As lágrimas produzidas pelo estresse ajudam o corpo a se livrar de substâncias químicas que aumentam o cortisol, o hormônio do estresse."[4] Chorar é a maneira natural do nosso corpo de descarregar o estresse e a ansiedade, e nos levar em direção a novas estações de cura.

FEITOS PARA PROCESSAR A DOR JUNTOS

A chuva e as lágrimas proporcionaram alívio imediato naquele dia, mas as lágrimas derramadas na solidão nunca curarão nossa dor. Ondas de depressão apareceram nos próximos dois meses. Embora tivessem se passado seis anos desde a minha última crise, eu ainda estava familiarizada com essa visitante constante. Ela vinha e fazia eu me esconder em meu closet, em posição fetal. Um mês após a morte do meu pai, no meu 44º aniversário, lá estava eu novamente, caída no chão, escondida atrás de casacos e botas.

Meu coração sangrava e eu não conseguia encontrar estabilidade através das lágrimas. Um grande amigo meu, Bob, ligou-me para saber como eu estava processando essa enorme perda. Ele deve ter percebido meu luto, deveria saber que eu estava prologando minha dor. Eu disse a ele que não queria retornar a tanto pânico e ansiedade por não conseguir processar bem minha dor. Eu tinha dificuldades em lidar com tudo o que estava acontecendo. Ele ouviu e ouviu, e quando terminei, ele falou francamente: "cuidado com para quem você dá ouvidos em sua vida", disse. "Haverá vozes por aí, mas apenas algumas ganharam o direito de estar em volume alto. Apenas algumas lhe darão força neste momento de luto."

Eu ouvi Bob — ele ganhou o direito de ser ouvido em minha vida — e, quando desligamos o telefone, procurei outras pessoas que estavam comigo nos meus piores momentos, que me ajudaram a seguir em frente. Eu não precisava processar essa dor sozinha; poderia estar acompanhada nessa jornada contra o luto. Entrei em contato com a minha comunidade para caminhadas de oração espontâneas, confissões acompanhadas de taças de açaí, encontros nas cadeiras de balanço da varanda e ligações com pessoas queridas que estavam longe. Compartilhei minha tristeza, minhas lágrimas e algumas das melhores lembranças de meu pai com esses entes queridos.

Durante esse tempo de qualidade com eles, comecei a me livrar da minha própria dor, e, de vez em quando, os papéis eram invertidos. Embora não tivessem acabado de perder o pai, meus amigos mais próximos ainda tinham que lidar com as próprias dificuldades. Ao compartilhar meu fardo com eles, os convidei a compartilhar os seus próprios. Como eles estavam? O que estavam enfrentando? Como eu poderia incentivar o coração deles enquanto nutria o meu? Fomos feitos para processar nossa dor e tristeza uns com os outros.

Ao carregar os fardos uns dos outros em tempo real, saí da minha própria escuridão. Dia após dia, semana a semana, mês a mês, intencionalmente mantendo meus amigos próximos, eu me sentia conectada enquanto enfrentava a tristeza de perder meu pai.

UMA CONEXÃO SIGNIFICATIVA NOS AJUDA A SUPERAR O LUTO

Nós não fomos projetados para combater nossos medos, nossas ansiedades e nossos problemas por conta própria. Não fomos feitos para o isolamento; fomos criados para encorajar um ao outro em nossos momentos mais difíceis, para ser a igreja de cura um ao outro. Paulo disse o mesmo em sua carta aos Gálatas, escrevendo: "Levem os fardos pesados uns dos outros e, assim, cumpram a lei de Cristo."[5]

NÃO FOMOS PROJETADOS PARA COMBATER NOSSOS MEDOS, NOSSAS ANSIEDADES E NOSSOS PROBLEMAS POR CONTA PRÓPRIA.

Conexões significativas com os outros nos ajudam a superar a dor, a depressão e a tristeza. Como o Dr. Frank McAndrew escreveu: "Os humanos são conectados para interagir com os outros, especialmente durante períodos de estresse. Quando passamos por uma provação difícil sozinhos, a falta de apoio emocional e amizade pode aumentar nossa ansiedade e prejudicar nossa capacidade de superação."[6] Mas, com o apoio emocional, nosso corpo responde de uma melhor forma. Como Emily Sohn escreveu para o *Washington Post*: "Muitos estudos revelaram teorias biológicas que podem explicar o que nos torna mais saudáveis quando nos sentimos apoiados: pressão arterial mais baixa, melhor função hormonal, sistemas imunológicos mais fortes e possivelmente níveis mais baixos de inflamação."[7]

Uma vez que recebemos e respondemos, uma vez que encontramos a cura, é a nossa vez de levar os fardos dos outros. Juntos, descobrimos que os fardos da vida são de alguma forma suportáveis, e encontramos a confiança e a força para superá-los.

Você tem fardos que carrega em silêncio? Já conteve lágrimas, recusou-se a levá-las para Deus e para os outros? Neste caso, pode estar se privando de um ponto chave de conexão, um ponto de conexão que pode apenas renovar sua alma.

↗ PARA REFLETIR ↖

1. QUANDO FOI A ÚLTIMA VEZ QUE VOCÊ CHOROU LÁGRIMAS DE TRISTEZA?

2. QUANDO FOI A ÚLTIMA VEZ QUE COMPARTILHOU SUA TRISTEZA COM OS OUTROS?

3. PENSE NAS PESSOAS EM SUA VIDA. PARA QUEM VOCÊ PODE OFERECER UM OMBRO AMIGO? ESCREVA O NOME DELES E COMPROMETA-SE A ENCONTRÁ-LOS NESTA SEMANA.

ABRAÇOS EM TODO LUGAR

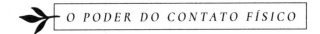

O PODER DO CONTATO FÍSICO

CAPÍTULO 19

CAPÍTULO 19

ABRAÇOS EM TODO LUGAR

O PODER DO CONTATO FÍSICO

Quando nos perguntamos honestamente qual é a pessoa mais significativa em nossas vidas, geralmente descobrimos que são aquelas que, em vez de nos darem conselhos, soluções ou curas, optam por compartilhar nossa dor e cuidar de nossas feridas com a mão carinhosa e acolhedora.

—HENRI NOUWEN

Andar de metrô em Nova York não era minha experiência favorita. Graças aos meus anos anteriores de ataques de pânico e minha tendência a me sentir presa, descer a escada rolante em direção ao subterrâneo nunca foi divertido. Mas sempre era um pouco mais divertido se meu filho fosse comigo. Cade vive sob uma luz diferente. Ele vê o mundo através de uma lente com síndrome de Down cor-de-rosa. Apesar de ele nunca ter conhecido uma pessoa, se ela parecer um pouco estranha, sua solução é um bom e apertado abraço.

Mas, em Manhattan, existia um deficit, o campo de ação nem sempre era igual. A cidade recompensa velocidade, eficiência, alta produção e desempenho. As pessoas não têm tempo para conversas desnecessárias ou abraços aleatórios. Eles precisam pegar o próximo trem, táxi ou se espremer no elevador, para garantir que estão em vantagem. Afinal, quando milhares de pessoas emergem do metrô para a rua, o jogo começa. É *mano a mano*, você ou eu, a sobrevivência do mais forte. Faça acontecer rápido ou morra tentando. Independentemente disso, Cade sempre fazia o possível para interromper o torpor desta era robotizada.

Em uma manhã específica de primavera, indo da rua Chambers de Tribeca até o Lincoln Center, cronometramos mal nossa viagem. A hora do rush nos metrôs de Manhattan é de outro mundo. Com as pessoas amontoadas como sardinhas, encontrar um lugar para nos segurarmos seria uma batalha por território. Cade odeia ficar de pé no metrô. Seu equilíbrio não é bom e, por causa da maneira como os vagões oscilam e saltam, ele precisa de um assento. Nesta manhã, ele estava sem sorte.

Segurando na barra de apoio central, ele silenciosamente examinou os assentos em busca de qualquer lacuna. Não precisava ser muito, qualquer vislumbre de um banco de fibra de vidro azul ou prata espreitando entre duas pessoas, ele avançava. Ele o encontrou e correu para um espaço que não podia ter mais de 15 centímetros de largura. Depois de se virar, ele se colocou entre os quadris de duas mulheres, que, até aquele momento, estavam cuidando das próprias vidas. A morena mais jovem à esquerda, a música tocando nos fones de ouvido, lançou um olhar irritado para Cade. A outra, uma senhora mais velha tentando ler um livro, reconheceu o olhar inocente dele e não reclamou.

Cade é ótimo em ler as emoções das pessoas. Ele está ciente de que seus movimentos não tão sutis podem criar aborrecimentos. Então, depois de garantir seu assento, ele sorriu e bateu no ombro da morena ao lado dele. Ele deu um aceno exagerado, como se dissesse: "Estou aqui agora, vamos ser amigos." Ela notou seus olhos amendoados, reconheceu que

Cade não era um passageiro comum e se permitiu um sorriso gentil. Então, sentindo um indício de aprovação, ele tomou a iniciativa e abraçou-a de lado, inclinou a cabeça e deu seu maior sorriso. Ela tirou os fones de ouvido e começou uma conversa simpática.

A senhora mais velha percebeu que estava perdendo toda a diversão e queria um pouco da atenção de Cade. Ela fechou o livro e se inclinou, esperando seu próprio abraço, que Cade ficou feliz em dar. Ele fez o que faz de melhor, sorrir bastante e animar os outros. O que começou como um momento embaraçoso se tornou uma festa do metrô na hora do rush em tempo real. Cade levou apenas um minuto, mas sua coragem para quebrar as regras típicas de manter o espaço pessoal fez com que, mais uma vez, ele fizesse novos amigos e alegrasse seus dias.

A CIÊNCIA DO ABRAÇO

O contato físico me revigora, mas isso não acontece apenas comigo. Todos nós precisamos desse tipo de contato. Fomos feitos para conexão e, quando nos sentimos solitários, isolados e tristes, nossos corpos anseiam por contato mais do que nunca. Um abraço pode fazer muitas coisas, e a ciência confirma isso. Quando nos abraçamos, nosso cérebro libera o neurotransmissor oxitocina, que promove sentimentos de satisfação e reduz a ansiedade e o estresse.[1] Além disso, o abraço estimula a produção de dopamina e serotonina no corpo e mantém a depressão afastada.[2] Em outras palavras, abraços podem ser um antídoto para o estresse e a ansiedade e, em longo prazo, podem deixar a depressão afastada. Mesmo que não seja a Blue Monday — o dia mais triste do ano —, todos poderíamos nos beneficiar da redução do estresse e da ansiedade.

Instintivamente, queremos saber que somos amados e ser lembrados do calor que nos rodeia, mesmo nas estações mais frias. É de admirar que a maioria dos aniversários ocorra em setembro? O mês mais fértil nos

EUA é dezembro, época em que o visco e o contato físico estão em alta.[3] A correlação é simples: quando está frio lá fora, buscamos abrigo e calor, e, quando nos sentimos emocionalmente frios ou isolados (presos em nossas próprias mentes), precisamos do calor do contato físico.

INSTINTIVAMENTE, QUEREMOS SABER QUE SOMOS AMADOS E SER LEMBRADOS DO CALOR QUE NOS RODEIA, MESMO NAS ESTAÇÕES MAIS FRIAS.

Pode parecer simplista demais, mas talvez devêssemos prestar mais atenção à maneira como fomos criados. Deus nos criou para o amor e o conforto, e Ele quer que comuniquemos esses sentimentos aos outros. Uma das principais maneiras pelas quais ele permite que expressemos e recebamos esse amor é por meio do contato físico. Talvez não seja preciso dizer, mas essa manifestação nem sempre precisa ser por meio de um abraço. O *New York Times* relatou em sua análise de vários projetos de pesquisa que: "Toques passageiros... um animado *high five*, uma mão acolhedora no ombro... podem comunicar uma gama de emoções ainda maior do que gestos ou expressões, e às vezes funcionam melhor do que palavras."[4] Nem todo mundo gosta de abraços, mas procurar a mão de um amigo ou oferecer um toque firme no braço às vezes pode expressar conexão melhor do que palavras.

Isso nunca foi tão óbvio quanto durante um momento inesquecível em uma caminhada difícil que Gabe e eu fizemos durante uma de nossas aventuras de fuga. Estávamos descendo do cume por uma trilha, ao lado de dezenas de outros turistas. Faltando pouco menos de um quilômetro, esbarramos em um grupo de pedestres parados e preocupados — provavelmente amontoados porque uma pessoa à frente estava ferida ou incapacitada e não podia se mover. Era compreensível, o caminho havia se estreitado nesta parte para atravessar atrás de uma cachoeira íngreme. Com o perigo à espreita, mal havia espaço para atravessar juntamente com os pedestres que subiam. Sem saber o que tinha acontecido, era evidente que poderíamos ficar lá por algum tempo.

Gabe conseguia ver adiante onde estava a comoção e, de alguma forma, nós lentamente avançamos para ver se poderíamos ajudar. Quando nos aproximamos, vi um grupo de mulheres muçulmanas reunidas em torno de uma jovem com síndrome de Down que estava completamente parada, congelada por medo e pânico. A mãe dela não falava inglês, não havia pai à vista e percebemos que a menina estava aterrorizada. As pedras estavam molhadas e ela estava mental e emocionalmente presa, decidida a não dar outro passo. A mãe, sentindo a pressão de outras pessoas para fazer sua filha se mexer, não sabia o que fazer.

Como temos experiência com um filho com síndrome de Down, Gabe se ajoelhou na frente da garota e a olhou nos olhos. Sem uma linguagem comum, ele segurou as mãos dela e com ternura assegurou que tudo ficaria bem. Ele então fez um gesto para que a menina subisse nas costas dele, procurando rapidamente a aprovação de sua mãe, sem saber se isso quebraria algum tipo de código religioso. A mãe assentiu com a cabeça e Gabe sentou-se no chão enquanto a menina subia em suas costas. Ele se levantou, segurou as pernas dela e ela passou os braços em volta do pescoço dele, segurando-se por sua vida.

Pacientemente, passo a passo, Gabe seguiu o caminho escorregadio por alguns metros antes de atingir um platô seguro. Quando ficou claro que estávamos em condições melhores, ele soltou a garota e os outros pedestres puderam passar. Com um sorriso no rosto, todo o medo diminuído, a garotinha avançou para dar um abraço em Gabe. Eles se abraçaram como se conhecessem um ao outro há anos.

A mãe apertou a mão de Gabe, chorando, assustada que um estrangeiro teve de ajudá-las. No momento em que uma garotinha estava congelada e ninguém sabia o que fazer, foi o poder do contato físico, a garantia segurança e a disposição de Gabe de carregá-la nas costas que proporcionou um avanço.

Quando experimentamos o contato físico de outra pessoa, ele comunica mais do que apenas presença. Benedict Carey, um jornalista científico do *New York Times,* escreveu: "De fato, o corpo interpreta um toque de apoio como 'carregarei o fardo com você'."[5] Em vez de carregarmos sozinhos, quando nos abraçamos, quando damos as mãos, quando oferecemos um "toque de apoio", lembramos um ao outro que não precisamos viver sozinhos.

JESUS E O PODER DO CONTATO FÍSICO

Jesus — totalmente Deus *e* totalmente homem — conhecia o poder do toque. Nos Evangelhos, demonstrou poder de cura por meio do toque. Em Marcos 8, abriu os olhos de um cego.[6] No evangelho de Lucas, o escritor registrou: "Ao pôr do sol, o povo trouxe a Jesus todos os que tinham vários tipos de doenças; e ele os curou, impondo as mãos sobre cada um deles."[7] Também em Lucas, há o registro da cura de uma mulher no Sabá da seguinte maneira: "E, vendo-a Jesus, chamou-a a si, e disse-lhe: Mulher, estás livre da tua enfermidade. E pôs as mãos sobre ela, e logo se endireitou, e glorificava a Deus."[8]

Jesus mostrou o poder de cura de seu toque repetidas vezes, mas também usou o toque como uma maneira de abençoar e receber bênçãos. Em outras palavras, ele o usou como um modo de conexão humana. No Evangelho de Lucas, Jesus abençoou crianças colocando as mãos sobre elas e, assim, ele não se conectou com os pais que as levaram?[9] Em um jantar em Betânia, uma mulher pecadora veio a Jesus, abraçou suas pernas e beijou seus pés. Quando os homens no jantar chamaram a atenção da mulher, Jesus disse: "Você não me saudou com um beijo, mas esta mulher, desde que entrei aqui, não parou de beijar os meus pés."[10] Embora os homens religiosos naquele jantar houvessem recusado conexão com Jesus por meio do contato físico, a mulher pecadora o procurou e Cristo a recebeu. Além disso, ele a libertou de sua dor, ansiedade e pecado, dizendo: "Portanto, eu lhe digo, os muitos pecados dela lhe foram perdoados, pelo que ela amou muito."[11] Jesus usou e recebeu o poder do toque. Muitas vezes, os reservados, aqueles mais religiosos entre nós, fingem ter tudo resolvido em suas vidas. Fingimos que não precisamos de nada, muito menos de contato físico. Se a vida de Jesus serve de exemplo, o contato físico pode ser uma porta de entrada para a cura, bênção e conexão com os outros e com Deus. Pode trazer verdadeira liberdade da angústia física e da ansiedade que nos atormenta na vida de hoje.

SE A VIDA DE JESUS SERVE DE EXEMPLO, O CONTATO FÍSICO PODE SER UMA PORTA DE ENTRADA PARA A CURA, BÊNÇÃO E CONEXÃO COM OS OUTROS E COM DEUS.

Talvez você se sinta como a garotinha presa no caminho traiçoeiro, congelada, sem saber como avançar. Você foi o mais longe possível e agora precisa do incentivo de um companheiro para dar o próximo passo. Encontre um ente querido — seu cônjuge, um membro da família, um amigo — e peça um abraço. Veja se isso não silencia a ansiedade, a depressão, a dor. E, se você conhece alguém que esteja sofrendo de depressão, ansiedade ou pânico, ofereça-lhe um abraço (bom e longo). Olhe nos olhos dele, diga-lhe que você o acompanhará e que ele não está sozinho. Veja se esse tipo de contato físico não traz alívio.

↗ PARA REFLETIR ↖

1. QUAL É SUA MANEIRA PREFERIDA DE USAR O CONTATO FÍSICO PARA SE CONECTAR COM UM AMIGO? UM ABRAÇO, UM *HIGH FIVE* OU UM TAPINHA NAS COSTAS?

2. COMO O ÚLTIMO LONGO E SIGNIFICATIVO ABRAÇO QUE RECEBEU FEZ VOCÊ SE SENTIR?

3. QUEM NA SUA VIDA PRECISA DE CONTATO FÍSICO HOJE? ENCONTRE ESSA PESSOA. OFEREÇA A ELA ENCORAJAMENTO COM UM *HIGH FIVE* OU COM UM ABRAÇO CALOROSO.

RETIRO MATRIMONIAL

AME SEU COMPANHEIRO

CAPÍTULO 20

CAPÍTULO 20

RETIRO MATRIMONIAL

AME SEU COMPANHEIRO

O amor dele motiva o respeito dela; o respeito dela motiva seu amor.

—EMERSON EGGERICHS

Alguns anos atrás, Gabe e eu estávamos deitados à beira de uma piscina, com livros na mão. Aquele era nosso refúgio anual, onde podíamos desfrutar um pouco mais de silêncio do que normalmente, com a oportunidade de refletir sobre o ano anterior e sonhar com o próximo. O livro escolhido por Gabe era sobre casamento, e eu percebi. Sua lista de leitura típica continha livros com temas atuais, renovação espiritual ou uma biografia histórica. Mas esse livro, *Amor e Respeito*, o incentivara a melhorar nosso casamento.

Não pude deixar de refletir.

Algo estava errado?

Será que ele estava lendo sobre tudo que eu precisava para ser uma esposa melhor?

Os benefícios dessa leitura se concretizariam hoje? Esta semana? Mês que vem?

Guardei as perguntas para mim, coloquei meus óculos escuros e fiquei tranquila, sabendo que meu marido estava em um processo de aprendizagem.

O casamento pode ficar exaustivo. Dia após dia, vivemos as mesmas rotinas, lidamos com os mesmos maus hábitos, exageramos em nossas reações a velhos padrões e oferecemos as mesmas variadas desculpas. Não é uma surpresa que as pessoas não consigam ficar casadas a vida inteira — a não ser que tenham encontrado uma fórmula secreta.

Nossa conexão mais profunda na vida, se tivermos a oportunidade de experienciá-la, deve ser com nosso cônjuge. Os amigos e a comunidade são essenciais, mas seu companheiro desempenha um papel enorme em contribuir ou prejudicar sua saúde emocional. Para ser clara, somos responsáveis por nossas próprias ações e reações, ninguém é o culpado por nossas perspectivas. Mas, quando os casais trabalham juntos, se amam de forma altruísta e agem de forma unida, há poucas coisas mais bonitas. Quando os casais se tornam prejudiciais e negativos um para o outro, há poucas coisas mais devastadoras.

NOSSA CONEXÃO MAIS PROFUNDA NA VIDA,
SE TIVERMOS A OPORTUNIDADE DE EXPERIENCIÁ-LA,
DEVE SER COM NOSSO CÔNJUGE.

Nos últimos dez anos, Gabe e eu não passamos muito tempo nos dedicando ao nosso casamento. Mas não era assim no começo. Certa vez, no início de nosso casamento, fomos a um retiro matrimonial patrocinado pela igreja e, como todo mundo, lemos *As Cinco Linguagens do Amor*. Estávamos motivados e nervosos para fazer as coisas certas nos primeiros anos. Ouvíramos as horríveis histórias de casamentos arruinados muito cedo e não queríamos ser outras vítimas.

Mas, à medida que nossos filhos cresceram e a vida se tornou mais agitada, o tempo dedicado a receber conselhos externos ou a procurar recursos para o nosso casamento foi deixado para trás. Presumimos que, como chegamos tão longe, devíamos estar no caminho certo. Jantares ocasionais e saídas noturnas nos mantinham na mesma página.

Ainda assim, precisávamos ir além da simples comunicação e entrar em um casamento *próspero*.

Alguns meses após aquelas férias na praia, minha amiga Joy nos apresentou a seus pais, Emerson e Sarah, em um evento. Levou apenas um momento para eu juntar as peças: o pai de Joy era Emerson Eggerichs, autor de *Amor e Respeito*, o livro que Gabe havia lido em nossas férias. Em nossa conversa naquele dia, Emerson nos convidou para visitar sua casa, se alguma vez quiséssemos dicas ou aconselhamento matrimonial. Era uma política de portas abertas e nós guardamos aquele convite com carinho.

Nas semanas seguintes, considerei o convite de Emerson à luz do nosso casamento. Como a maioria dos casais, Gabe e eu discordamos em algumas coisas e, com o passar do tempo, experienciamos momentos difíceis em nosso relacionamento. Entre as viagens, as demandas como pais e os vários prazos de trabalho, estávamos fora de sincronia. Algumas cicatrizes profundas reapareceram como se fossem novas, machucando-

-nos profundamente. Sim, nós nos amávamos, mas será que tínhamos perdido a *conexão*?

Havíamos feito terapia e, depois de algumas sessões de aconselhamento, nos sentimos mais adequados para lidar com os problemas, mas e o convite de Emerson, um guru do casamento? Nós sabíamos que precisávamos aceitá-lo. Precisávamos de alguns dias de aconselhamento matrimonial intensivo de uma voz de confiança que pudesse nos ajudar a evoluir da manutenção para a abundância. Então, Gabe e eu conversamos, marcamos as datas, reservamos os voos e seguimos para a casa dos Eggerichs em Michigan.

Chegamos a uma casa serena no lago, com uma trilha arborizada que descia até a beira da água, um lugar em que eu rezaria durante os próximos dias. Esse presente de tempo, experiência e preocupação paterna nos regozijou. O que fingíamos ser um aperfeiçoamento (porque estávamos com vergonha de admitir que precisávamos de mais) se transformou em uma exposição completa, principalmente por causa da liderança hábil de Emerson. Confessamos os rancores que tínhamos um contra o outro, revelando áreas em que faltava perdão e existia ressentimento.

Emerson se envolveu conosco e manteve tudo nos trilhos. Quando as coisas esquentavam, ele resolvia tudo com humor. Nós rimos tanto quanto choramos, o que era muito diferente de nossas outras sessões de aconselhamento. A brincadeira, a honestidade, o disciplulado e a hospitalidade que Emerson e Sarah exibiram durante esses dois dias não foram nada menos que uma dádiva de Deus.

A premissa central que Emerson nos ensinou era bastante simples: *os homens precisam de respeito e as mulheres precisam de amor*.[1] Quando esse ciclo é realizado em um relacionamento conjugal, frutos incríveis nascem. Mas quando ocorre o inverso — uma esposa que desrespeita o marido e um marido que não responde às necessidades emocionais da esposa — um ciclo maluco inicia-se. As brigas aumentam, a mágoa machuca profundamente e os cônjuges se afastam emocionalmente. Quando esse tipo de ciclo tóxico está em vigor, é difícil corrigi-lo. E, assim, o estresse, a ansiedade e a dor aumentam.

Gabe e eu ficamos no vaivém desse ciclo maluco por muito tempo. Muitas vezes, eu expressava grandes sentimentos sobre as coisas e ele os ignorava. Emerson desafiou Gabe a me deixar passear por esse "oceano de emoções", sabendo que, se meus medos fossem ouvidos e entendidos, eles se dissipariam e eu seguiria em frente. Mas essa não foi a única coisa que Emerson observou. Ele também abordou a nossa falta de limites. Nós mordemos o que ele chamou de "um cheeseburger de cinco quilos" na vida e estávamos tentando não nos engasgar com ele. Estávamos investindo nossas vidas em atividades boas e admiráveis, mas não conseguíamos encontrar tempo ou energia no final de um dia agitado para ouvir e entender um ao outro, e muito menos chegar à raiz de qualquer coisa, fazendo com que a distância crescesse entre nós.

Emerson alertou sobre o assassinato de personalidades e desrespeito nos conflitos, e nos disse para não usarmos frases como "Isto é quem você é", "Você sempre" ou "Você nunca" (frases que não são verdadeiras nem úteis). Ele nos ajudou a ver como as pequenas rachaduras haviam se tornado grandes fendas e nem percebemos. Emerson nos ajudou a entender como nosso ciclo nos levou à amargura e como esta, por sua vez, nos levou ao ressentimento. O ressentimento, disse Emerson, pode sufocar o casamento.

Gabe e eu não apenas compreendemos as áreas em que falhamos, mas também começamos a descobrir soluções. A sinceridade e a prática do perdão podem facilitar a cura que somente Deus pode trazer. Um dia, então, tarde da noite, após uma intensa conversa, nos pegamos chorando, desabafando e perdoando, e nos comprometendo mais uma vez com nosso casamento. Virando a página, o coração terno de Gabe encontrou o meu, um momento que nunca esquecerei.

CRIANDO CONEXÃO NO CASAMENTO

O casamento — um casamento saudável — tem muitos benefícios conhecidos. De acordo com um artigo do jornal *The Telegraph*, pacientes com câncer casados são mais propensos a sobreviver à doença do que os solteiros.[2] Algumas pesquisas também indicam que o casamento diminui o risco de ataque cardíaco e derrame, incentiva comportamentos mais seguros, diminui o estresse e a ansiedade, aumenta a probabilidade de recuperação de uma grande cirurgia, diminui o risco de doenças mentais, melhora o sono e geralmente leva a uma vida mais longa.[3] Com todos esses benefícios, quem não gostaria de cultivar um casamento saudável, mesmo que seja preciso muito trabalho? Mesmo que seja necessário admitir seus erros e perdoar? Mesmo que seja necessário redefinir hábitos e padrões?

SE NOSSOS RELACIONAMENTOS COM NOSSOS CÔNJUGES SÃO SAUDÁVEIS, ELES NOS AJUDAM A CARREGAR NOSSOS FARDOS, PROCESSAR PROBLEMAS, CRIAR FILHOS E IR BEM NO TRABALHO.

Nossos cônjuges estão em nossas vidas todos os dias. Se nossos relacionamentos com nossos cônjuges são saudáveis, eles nos ajudam a carregar nossos fardos, processar problemas, criar filhos e ir bem no trabalho. Se nossos relacionamentos não são saudáveis, trazem doenças para nossas vidas. A verdade é que eu não tinha percebido a quantidade de estresse e ansiedade que meu casamento trouxe para minha vida, mesmo que não fosse um casamento ruim. É por isso que Gabe e eu nos comprometemos a crescer juntos, criando práticas saudáveis para que nosso casamento seja um lugar seguro para aliviar o estresse, não um terreno fértil para mais.

Fizemos algumas mudanças e estamos percebendo os benefícios. Primeiro, todas as noites, passamos 15 minutos conversando sobre os eventos do dia — e, o mais importante, as emoções associadas a eles. Seja antes de dormir ou por telefone, enquanto levamos as crianças para os seus compromissos, tentamos nos colocamos no lugar um do outro e ouvimos como a outra pessoa está lidando com seu dia. Nosso objetivo é fornecer perspectiva, um ouvido atento e encorajamento, mas, no final das contas, permanecer completamente envolvido na vida um do outro, para que não nos distanciemos ao perder experiências compartilhadas.

Segundo, arrumamos tempo a sós. Analisamos nosso calendário toda semana para garantir que tenhamos duas horas disponíveis para um encontro. Às vezes, é um jantar divertido, compras ou diversão ao ar livre, mas também pode ser um café da manhã ou um almoço enquanto as crianças estão na escola. Obviamente, isso diminui o que pode parecer "tempo de trabalho", mas sabemos que se não ficarmos conectados cara a cara, as inseguranças aparecem e é possível que surja uma desconexão não intencional.

Por fim, pretendemos não deixar nenhum conflito sem solução, por mais quanto tempo a conversa tenha que durar. Gabe e eu temos personalidades fortes e opiniões fervorosas. Quando temos opiniões diferentes, às vezes a conversa pode ir para uma direção errada. Mas, comprometendo-nos a ouvir as perspectivas um do outro, até as menores divergências podem nos aproximar. Ao oferecer diálogo honesto e ouvir com humildade, aprendemos a manter a amargura e o ressentimento afastados.

Se seu casamento não estiver indo muito bem, seja transparente com seu cônjuge. Encontre um momento de silêncio em que possa se abrir e compartilhar seus sentimentos sobre seu relacionamento, vida, trabalho e comunidade. Sejam vulneráveis um com o outro. No começo, pode parecer estranho ou um pouco bobo. Seu parceiro pode não responder da maneira que você esperava ou imaginava. Mas quando você tem coragem de falar, de dar voz ao que está guardando, uma jornada em direção a um casamento saudável se inicia, um casamento que pode trazer liberdade dos ciclos de estresse e ansiedade do mundo.

⁊ PARA REFLETIR ⁌

1. QUANDO COMPARTILHA SUAS EMOÇÕES COM SEU CÔNJUGE, ISSO O AJUDA A DESCARREGAR O ESTRESSE E A ANSIEDADE OU APENAS AUMENTA ESSES SENTIMENTOS? EXPLIQUE SUA RESPOSTA.

2. COMO VOCÊ DEMONSTRA AMOR E RESPEITO POR SEU CÔNJUGE?

3. SE SEU CASAMENTO É PRODUTOR DE ESTRESSE E ANSIEDADE EM VEZ DE UM ATENUANTE, QUAIS SÃO OS PASSOS QUE DEVE SEGUIR PARA QUE TUDO VOLTE AOS TRILHOS?

SEJA O PRIMEIRO A PEDIR PERDÃO

 *O TEMPO É CURTO*

CAPÍTULO 21

CAPÍTULO 21

SEJA O PRIMEIRO A PEDIR PERDÃO

O TEMPO É CURTO

Nunca esqueça as onze palavras mais importantes de qualquer família — Eu te amo. Você é muito especial. Me perdoe, por favor.

—H. JACKSON BROWN JR.

Há dois meses, as crianças, Gabe e eu estávamos no limite. As tensões tendem a surgir no final de uma intensa temporada de provas, viagens a trabalho ou prazos de livros e conferências. Essas tensões atingem o pico quando parece haver mais responsabilidade do que o número de horas do dia permite. E isso parece acontecer em todo outono.

Pouco antes dos exames de outono, eu tinha grandes planos para a noite de quinta-feira. Era a única noite da semana em que nossa família se reunia para jogar, fazer reuniões do grupo de jovens e da equipe de natação. Então eu decidi cozinhar. Tentei despertar a conversa à mesa, mas sem sucesso. Ninguém tinha nada a oferecer além de olhares e atitudes cansados. Em alguns minutos, quaisquer que fossem as intenções positivas transformaram-se em acusações e reclamações. Aconteceu tão rápido que Gabe e eu não tivemos força para deter a confusão, então nos sentamos em silêncio e trocamos olhares.

Sem saber como salvar a noite, reagimos da maneira que sempre fazemos quando não temos certeza do que mais fazer: "Vá para o seu quarto!" Mas enquanto nossos filhos murmuravam respostas e começavam a subir, corações mais distantes a cada passo, eu sabia que castigá-los dessa maneira não era a coisa certa a se fazer. Claro, nenhum de nós queria ficar juntos naquele momento, e todos pareciam bem com essa decisão. Mas eu sabia que a melhor resposta quando a conexão é interrompida não é afastar, e sim o oposto, reunir-se (afinal, não foi isso que Emerson nos ensinou?).

Eu gritei para eles: "Parem! Voltem para a sala de estar." Revirando os olhos e reclamando de minha inconstância, eles retornaram. Sem me deixar abater, iniciei uma conversa. "Nenhum de nós tem vontade de estar juntos agora ou quer ter uma conversa sobre como lidar com a tensão e o conflito." As crianças não disseram nada e eu as imaginei pensando: *Exatamente, então por que estamos aqui?*

Continuei: "E se tentarmos outra coisa? Vamos encontrar um lugar no sofá ou uma cadeira e fazer um momento de adoração juntos, cantando algo que é bom e verdadeiro diante de Deus e dos outros. Sei que cantar é a última coisa que vocês querem fazer agora, porque é difícil cantar e continuar bravo. Mas, se queremos reunir nossos corações, esta pode ser a melhor maneira de resolver alguma coisa, em vez de esquecer e seguir em frente."

Os momentos logo após o meu monólogo caloroso foram estranhos, com certeza, mas ninguém teve uma ideia melhor. Pierce, sempre feliz em ajudar, pegou seu violão e começou a tocar. Embora o resultado fosse desconexo, cada pessoa fez uma tentativa sincera, provando que seus corações eram flexíveis. Dentro de alguns minutos, todos relaxaram e se concentraram na música. Nós tiramos nosso foco de nós mesmos e reorientamos nossos corações.

Quando a segunda música terminou, Gabe e eu quase não conseguimos nos expressar rápido o suficiente. Nós dois pedimos desculpas pelo nosso papel nas tensões da noite, assumindo a responsabilidade de deixar as coisas saírem do controle. Nossos filhos se comoveram e aceitaram nossas desculpas. No final da terceira música, começaram a se abrir sobre seus próprios níveis de estresse, compartilhando conosco a bagagem de sentimentos que já estavam carregando e se desculpando pela sua participação no drama. Quando nossa conversa chegou ao fim, nos sentimos mais conectados do que em semanas. Abraços e risadas voltaram antes da hora de dormir. Uma noite que poderia ter sido perdida por mal-entendidos e frustrações foi recuperada. Nosso momento na sala de estar criou uma conexão verdadeira e se transformou em uma noite épica em família!

POR QUE PEDIR PERDÃO?

As Escrituras têm algo a dizer sobre ir para a cama com raiva: "Do not let the sun go down while you are still angry, and do not give the devil a foothold." [Em português: "Quando vocês ficarem irados, não pequem. Apaziguem a sua ira antes que o sol se ponha e não deem lugar ao diabo."][1] Ouvi essa afirmação enquanto crescia, mas nunca entendi muito bem o que a palavra "*foothold*" significava. Significa "um ponto de apoio inicial a partir do qual novos progressos podem ser feitos".[2]

Um intruso não precisa de todo o nosso coração, apenas uma fresta suficientemente larga para entrar. Quando guardamos rancores, mantendo um registro dos erros dos outros, várias vezes, essa fresta se torna uma porta aberta para o inimigo fazer o que faz melhor: "furtar, matar e destruir" os que mais amamos.[3] Desculpar-nos pelos erros que cometemos abre o caminho para o perdão em nossos relacionamentos.

Não faltam pesquisas mostrando os benefícios para a saúde de conceder perdão: reduz a pressão sanguínea, o estresse e a ansiedade.[4] Faz com que os relacionamentos estejam sempre em manutenção, mantém a conexão forte. Mas, como você pode cultivar relacionamentos abertos, conectados e clementes, se não estiver disposto a ser o primeiro a se desculpar por um mal-entendido? Como pode abrir o caminho para a plenitude sem primeiro se desculpar por sua parte em qualquer desentendimento?

DESCULPAR-NOS PELOS ERROS QUE COMETEMOS ABRE O CAMINHO PARA O PERDÃO EM NOSSOS RELACIONAMENTOS.

Priorizei a expressão e o pedido de desculpas em minha própria vida, pois acredito que a humildade necessária para pedir desculpas restaura os relacionamentos. Estou ensinando meus filhos a fazer o mesmo, para que eles também possam experimentar a paz de espírito que surge quando relacionamentos rompidos são restaurados.

ENSINANDO O CAMINHO PARA OS NOSSOS FILHOS

Quando eu era uma jovem mãe, achava que tínhamos o "para sempre" ao nosso dispor. Os dias eram longos; aquele período inteiro parecia infinito. Pensei que tinha muito tempo para ensinar aos nossos filhos todas as coisas que eu queria que eles soubessem.

Mas, agora que eles são adolescentes, não quero perder nada disso. Quero ser uma mãe que desacelera o suficiente para não ignorar os conflitos.

Quero ser proativa em responder ao que *não* foi dito. Quero mostrar aos meus filhos como evitar varrer os problemas para baixo do tapete. Afinal, tenho pouco tempo para ensiná-los a pedir desculpas pela sua participação em qualquer erro, para que seus relacionamentos possam ser curados e a dor, o estresse e a ansiedade possam ser aliviados. É por isso que, mesmo em momentos de tensão em que nenhum de nós realmente quer conversar, nossa família trabalha em direção à resolução de conflitos, parando, desabafando e se desculpando. Nosso compromisso com isso tira qualquer barreira existente e fornece um caminho para a cura. Muitas vezes, essa conexão de cura renova os relacionamentos e drena a raiva, a ansiedade e o estresse para fora do cômodo.

SE VOCÊ SABE QUE JÁ FEZ PARTE DE UM RELACIONAMENTO RUIM, POR QUE NÃO DECIDE PEDIR DESCULPAS?

Se você sabe que já fez parte de um relacionamento ruim, por que não decide pedir desculpas? Sente-se com seu cônjuge ou filho. Ligue para seu ente querido ou amigo. Faça um pedido de desculpas sincero e peça perdão. Depois, fique tranquilo, sabendo que colocou o primeiro tijolo para construir conexões restauradas.

↗ **PARA REFLETIR** ↖

1. EXISTE UMA RELAÇÃO NA SUA VIDA QUE PRECISA SER REPARADA? QUAIS SÃO AS BARREIRAS PARA REPARAR ESSA CONEXÃO?

2. ESCREVA SOBRE UMA VEZ EM QUE VOCÊ EXPERIMENTOU O PERDÃO DO OUTRO. COMO SE SENTIU?

3. TODO PEDIDO MERECE UMA OPORTUNIDADE. HÁ ALGUÉM QUE VOCÊ ESTÁ SE RECUSANDO A PERDOAR, MESMO DEPOIS DE UM PEDIDO DE DESCULPAS PELO ERRO? QUANTO DE ANSIEDADE E ESTRESSE ESSE RELACIONAMENTO RUIM LHE CAUSA?

RITMO QUATRO

CRIAÇÃO

Após sermos envolvidos pelos ritmos de entrada — estarmos descansados e restaurados — e depois engajados no primeiro ritmo de conexão de saída, estamos totalmente carregados, prontos para ir ao mundo e criar. Quando estamos cheios de vida, como podemos criar?

Quando digo criar, não quero dizer necessariamente pintar, costurar ou compor uma música (embora possa significar qualquer uma dessas coisas). Na verdade, estou falando do uso de talentos, habilidades e chamados específicos para viver mais profundamente em seu propósito dado por Deus, para criar algo que o abençoe e abençoe o mundo a seu redor.

O método mundial de criação exige produção, esforço e entusiasmo. Também está enraizado na autoexpressão e satisfação de todos, características diametralmente opostas aos ritmos sagrados da criação. Essa forma individualista de expressão criativa frequentemente rouba nossa sanidade e nos leva a ataques de ansiedade, depressão e até ao vício.

DEUS NÃO NOS PROJETOU PARA CRIAR SOZINHOS.
ELE NOS FEZ PARA CRIAR COM ELE, CUIDAR DE SUA CRIAÇÃO.

Deus não nos projetou para criar sozinhos. Ele nos fez para criar *com* ele, cuidar de sua criação. Quando Deus criou homens e mulheres (à sua própria imagem), ele os colocou em um jardim "para cuidar dele e cultivá-lo".[1] Ele queria que eles trabalhassem com Ele na criação de algo bonito, vivificante. Essa linha de cocriação continua por todo o Antigo Testamento até o Novo. De fato, em sua carta à igreja de Éfeso, Paulo escreveu que somos "porque somos criação de Deus realizada em Cristo Jesus para fazermos boas obras, as quais Deus preparou de antemão para que nós as praticássemos".[2] Percebem? Fomos feitos para sermos parceiros de Deus em sua criação contínua. Criação de arte? Pode ser. Criação de obras do reino? Absolutamente.

Atos de criação não deveriam ser tão difíceis e não deveriam produzir ansiedade constante. Em vez disso, devem estar enraizados na vida de Deus e, como resultado, devem nos trazer paz, vida e descanso, além de fornecer tudo isso para os outros também. Portanto, ao ler esta seção, examine as maneiras de cocriar com Deus e faça a si mesmo estas perguntas:

1. Meus atos de criação são marcados pela ansiedade e estresse que o mundo gera ou estão acomodados na paz e no propósito de Deus? Estou buscando a autoexpressão e satisfação de todos ou busco a profundeza das obras preparadas para mim pelo próprio Deus?

2. Minha pintura, crochê, poesia ou (complete o espaço em branco) _____ traz uma sensação de parceria pacífica com Deus?

3. E o trabalho que estou fazendo para cuidar dos feridos (também um ato de criação)? É marcado pela luta ou pela paz?

Você está pronto para começar a cocriar com Deus? Vamos lá.

VOLTE A SONHAR

A ESTRADA PARA O SENTIDO

CAPÍTULO 22

CAPÍTULO 22

VOLTE A SONHAR

A ESTRADA PARA O SENTIDO

A vida nunca é insuportável pelas circunstâncias, mas apenas pela falta de sentido e propósito.

—VIKTOR FRANKL

Amo ler livros de autores mortos. Grande parte da prosa deles atravessa os clichês ruidosos de hoje. Devorei *O Homem em Busca de um Sentido* há cinco anos, enquanto viajávamos pelo interior da Irlanda, rodeados por florestas, castelos e ovelhas. Enquanto eu lia, me deparei com as palavras de Viktor Frankl sobre si mesmo: "O sentido da vida é ajudar os outros a encontrar o sentido da vida deles."[1] Li a frase novamente e derramei lágrimas de felicidade. "É isso que eu quero!"[2], disse em voz alta, agradecida pelas palavras que saltaram da página, colocando o desejo do meu coração em palavras.

Ao contrário de seus antecessores, Sigmund Freud (que acreditava que somos feitos para o prazer) e Alfred Adler (que acreditava que somos feitos para o poder), Frankl apoiou-se em suas convicções judaicas de que homens e mulheres são feitos para buscar sentido. Ele acreditava que todos nós desejamos obter sentido em três categorias específicas: trabalho, amor e sofrimento.

Frankl sobreviveu a quatro campos de concentração em três anos, impulsionado por suas convicções que formariam a base para o trabalho de sua vida, a *Logoterapia*, o conceito de que a maior força motivadora da humanidade é a busca por sentido. A premissa de Frankl era que a ansiedade flui de uma vida sem sentido e propósito. Quando perdemos o sentido, vivemos com um senso de responsabilidade não cumprida, enraizada na ansiedade. Com sentido, porém, estamos livres de ansiedade. Por meio da liberdade, recebemos uma grande responsabilidade.

Por mais convincentes que fossem as palavras de Frankl, eu sabia que elas eram um eco das Escrituras. Lembrei-me das palavras de Paulo, como advertiu que fomos criados para uma vida livre, uma vida de sentido. Entretanto, qual o sentido de nossas vidas cheias de significados? Paulo escreveu: "Mas não usem essa liberdade como desculpa para fazer o que bem entendem, pois, assim, acabarão destruindo-a. Em vez disso, usem a liberdade para servir ao próximo com amor. É assim que vocês serão cada vez mais livres."[2]

A liberdade que nos foi dada pelo nosso Criador foi associada à responsabilidade de servir à humanidade. Quando abdicamos dessa responsabilidade, nossa liberdade não tem propósito. Foi por isso que Frankl escreveu: "A liberdade corre o risco de se transformar em mera arbitrariedade, a menos que seja vivida em termos de responsabilidade. É por isso que recomendo que a Estátua da Liberdade na Costa Leste seja complementada por uma Estátua de Responsabilidade na Costa Oeste."[3] Na visão atual, muitas pessoas — principalmente as mulheres — não percebem o propósito e o valor que trazem para o mundo. Seja por normas familiares, pela compreensão tradicional dos papéis de gênero ou por pressão social, as mulheres se acostumaram a se adaptar a uma sombra de quem elas foram projetadas para ser. E nos perguntamos: por que tantas mulheres lutam contra a ansiedade, estresse e depressão.

OS OBSTÁCULOS DE SONHAR E BUSCAR SENTIDO

Como Frankl aponta, muitos de nós nunca descobrem o sentido mais profundo de nossas vidas e deixamos nossos sonhos de lado porque vivemos em uma cultura de riqueza e tédio. Por sermos cidadãos norte-americanos, somos ricos em comparação com o resto do mundo. Um estudo do Pew Research Center mostra que "quase nove em cada dez norte-americanos têm um padrão de vida que está acima do padrão global de renda média".[4] Muitos de nós dirigem carros, fazem refeições regulares e têm variedade de roupas. Nesses termos, somos prósperos. E nossa riqueza nos oferece o luxo do entretenimento. Frequentemente, quando não nos divertimos, estamos entediados. Nossa solução para o tédio? Mais entretenimento, por favor.

De fato, há exceções. Alguns de nós trabalham duro para sobreviver, e quem é que tem tempo para ficar entediado sendo mãe solo trabalhando em dois empregos? Mas, em geral, se temos muito tempo em nossas mãos, pouca responsabilidade e pouco entretenimento, entramos em uma crise de identidade e ansiedade.

Talvez o fato que mais desestabiliza nossas mentes e, portanto, o mais preocupante seja o tédio. Um artigo recente da *Time* relatou: "Os jovens norte-americanos, especialmente os adolescentes, não estão em boa forma emocional. Eles se sentem sobretudo 'entediados e com problemas' na escola, de acordo com o estudioso da adolescência Larry Steinberg. Academicamente, eles estão com baixo desempenho quando comparados aos jovens de outros países desenvolvidos e sua saúde mental está em declínio. Durante o ano letivo, o estresse deles supera o dos adultos."[5]

SUPERANDO O TÉDIO E O DESEJO DE FUGIR

Entretanto, isso não é verdade apenas para adolescentes. Também é verdade para muitos adultos. Estamos presos a uma cultura de tédio, que nos mantém em busca de entretenimento e temos muitas opções divertidas: videogames, serviços de streaming, dispositivos portáteis. Não importa a nossa idade, os sonhos são esmagados quando nossas vidas são consumidas pelo entretenimento e tecnologia. Como Neil Postman previu em seu trabalho profético de 1985, *Amusing Ourselves to Death*: "As pessoas vão adorar as tecnologias que desfazem sua capacidade de pensar."[6] Eu poderia colocar de outra maneira: as pessoas *passaram* a adorar as tecnologias que desfazem sua capacidade de *sonhar*.

Como você escapa dessa armadilha do tédio que mata nossos sonhos? Quais as estratégias para superar o atrativo do entretenimento fácil? Considere fazer uma pausa na sua forma de fuga. Quando quiser começar uma maratona na Netflix ou recorrer às redes sociais, tente pegar uma caneta e um pedaço de papel (vê como os ritmos da criação se encaixam com os ritmos do descanso?). Sente-se no silêncio e sonhe. Imagine como você quer que sua vida seja daqui a cinco ou dez anos — sua vocação, suas oportunidades de trabalho. Imagine o futuro que deseja para você, seu casamento, seus filhos. Pergunte a si mesmo: quem eu devo ser? O que eu devo fazer?

_____

QUEM EU DEVO SER? O QUE EU DEVO FAZER?

_____

Quando fiz esse exercício e tirei um tempo para sonhar, ele trouxe novos sonhos à tona. Novas possibilidades se tornaram realidade quando comecei a entrar nesses sonhos, um pequeno passo de cada vez. Comecei a escrever, principalmente para inspirar as mulheres em seus relacionamentos com Deus. Comecei a viajar e a falar sobre pânico e ansiedade, ajudando as mulheres a superar seus medos. A cada passo nessa nova direção, você sabe o que eu achei? Mais sentido e propósito.

Mas e se você reservar um tempo, sentar-se com papel e caneta na mão e não conseguir sonhar? Volte para quando você tinha dez anos e reflita por um momento.

O que você mais gostava de fazer quando tinha oito, nove, dez anos?

Que talentos eram óbvios para os que o rodeavam?

Por que você parou?

As respostas a essas perguntas podem oferecer pistas e insights sobre sua conexão, sobre quem você deve ser e o que deve fazer. Acredite ou não, o que o inspirava na pré-adolescência está conectado com o que o despertará agora. Pode acontecer de uma forma diferente, mas existe ouro nos seus sonhos de juventude. Durante o ensino fundamental, fiquei obcecado com a leitura de livros. Um verão, eu li todos os livros da coleção da *Enciclopédia Brown*. Adorava a sensação de realização quando resolvia o mistério ou fechava a contracapa. Eu pensava que as pessoas que escrevem livros deviam amar seus empregos e hoje eu escrevo livros. Vê como as paixões da minha juventude revelaram meus sonhos, meu propósito?

Mas o tédio e a fuga não são os únicos obstáculos que precisamos superar a fim de encontrar sentido e perseguir nossos sonhos.

CRIANDO ESPAÇO PARA SONHAR

Enquanto viajo pelo país e falo com mulheres de todas as idades ou ao me envolver com elas online — mulheres que foram colocadas à margem porque cuidavam de crianças ou trabalharam em cargos administrativos, ou foram minimizadas em sua influência —, elas perguntam a si mesmas: *Como posso imaginar uma vida de propósito quando parece haver tão pouco tempo?*

É uma pergunta que já fiz. E, cada vez que a ouço, ela atinge algo profundo dentro de mim. Quando jovem, tinha dificuldade para conciliar os meus papéis como esposa, mãe e amiga. A maternidade exige muito e, nesses primeiros anos, pode ser difícil encontrar tempo para realizar muito além da troca de fraldas, da lavanderia e da diversão. Eu pensava que não deveria considerar colocar minha energia além das quatro paredes de casa. Obviamente, esse conselho geralmente é razoável para uma mãe de três filhos, incluindo um com necessidades especiais. Mas o que não percebi na época foi que minha contribuição não precisa ser para uma coisa *ou* outra. Podia ser para *ambos*.

Como?

Gabe e eu procuramos maneiras ativas de apoiar um ao outro nos chamados que Deus colocou em nossas vidas. Compartilhamos as responsabilidades de gerenciar uma casa: lavar e passar, cozinhar e limpar, fazer as tarefas, pagar contas, lavar a louça, ajudar nos deveres de casa. Se ele precisa ir ao supermercado, ele vai. Se eu preciso ligar para o encanador, eu ligo. Não temos regras arbitrárias sobre o que fazemos ou não para contribuir para ajudar nossa família a funcionar. Tudo o que for necessário no momento, qualquer um de nós poderá fazer.

Isso também vale no que diz respeito a nutrir o coração de nossos filhos. Na nossa filosofia matrimonial e parental, Gabe e eu compartilhamos as mesmas prioridades. Meu foco principal como esposa e mãe é o bem-estar de meu marido e filhos. O foco principal de Gabe como marido e pai está em mim e nos nossos filhos. O trabalho, outras amizades, hobbies e viagens vêm depois. Esse é o acordo — para nós dois — e, como não colocamos restrições em relação à forma como contribuímos com a família, também não colocamos restrições em torno de nossos sonhos. Se um de nós tem um sonho importante, que vale a pena perseguir, o outro ajuda a fazer isso acontecer. Gabe foi meu maior apoiador quando comecei a escrever e palestrar. Como compartilhei anteriormente, ele carregou mais peso em nossa casa enquanto eu estava seguindo minha vocação.

Reconheço que todas as circunstâncias relacionais parecem diferentes. Quer você seja solteira, cuide dos filhos sozinha ou esteja em um casamento em que seu cônjuge não se interesse por apoio mútuo, você tem obstáculos únicos para viver seus sonhos. Mas com um pouco de imaginação, um pouco de cuidado com seu sonho, um pouco de colaboração com seu cônjuge, filhos ou amigos, você poderá encontrar um caminho para superar esses obstáculos.

UM SONHO COM SENTIDO

Como observou Frankl, grande parte de nossa ansiedade e estresse é criada pela falta de propósito em nossas vidas. Nessa falta de propósito, passamos de entretenimento em entretenimento, nunca encontrando a paz e a satisfação de que precisamos. Perdemos tempo e energia porque os afazeres nos distraem das coisas mais importantes. Mas se há uma coisa certa é que fomos feitos para mais. Fomos projetados para sonhar e assumir a responsabilidade por esses sonhos. Nós fomos feitos para o que é significativo.

FOMOS PROJETADOS PARA SONHAR E ASSUMIR RESPONSABILIDADE POR ESSES SONHOS.

O ato de criar não vem do nada. Começa com um sonho e, quando tocamos em nossos sonhos, quando avançamos neles, Deus nos dá um sentido e um propósito renovados. Conhecer o sentido e o propósito de Deus para nossas vidas nos liberta do estresse e da ansiedade, mas também pode trazer liberdade ao mundo.

↗ PARA REFLETIR ↖

1. SE ESTIVÉSSEMOS EM UM ELEVADOR E EU LHE DESSE DOIS MINUTOS PARA DESCREVER SEU SONHOS PARA MIM, O QUE VOCÊ DIRIA?

2. QUAIS SONHOS OU PAIXÕES VOCÊ TINHA QUANDO CRIANÇA?

3. SE NÃO ESTÁ PERSEGUINDO SEUS SONHOS OU PAIXÕES, VOCÊ SABE POR QUÊ?

RECUPERE SUA PAIXÃO

ARRANQUE AS ERVAS DANINHAS

CAPÍTULO 23

CAPÍTULO 23

RECUPERE SUA PAIXÃO

ARRANQUE AS ERVAS DANINHAS

Os dois dias mais importantes da sua vida são o dia em que você nasceu e o dia em que descobre o porquê.

—MARK TWAIN

Olhando para o quintal da frente de nossa nova casa de campo, ficou claro: subestimamos o que seria necessário para gerenciar uma extensa propriedade do Tennessee. Adorávamos a ideia de colinas e das vistas, mas, quando a primavera chegava e chovia quase diariamente, só precisávamos aguardar um pouco para surgir uma lista de tarefas externas que nunca parecia terminar.

No meu primeiro sábado em casa, depois de dois fins de semana de viagem, acordei cedo. Eu tinha 48 horas para me reconectar com Gabe e nossos filhos e ajudar com o que era mais urgente em casa. E então teria que voltar para palestrar novamente. Preparei um bule de café e, com a caneca fumegante na mão, aventurei-me na cadeira de balanço da varanda. Lá, não pude deixar de notar as ervas daninhas na frente e nas laterais da nossa casa. Muitas eram mais altas que eu, soprando ao vento. O matagal verde emaranhado daquelas plantas indesejáveis, com tantas variedades, era suficiente para esconder completamente os canteiros de flores. Parecia que nossa casa havia sido abandonada da noite para o dia.

Eu não conseguia distinguir as plantas perenes das plantas daninhas, embora muitas das plantas que amávamos e queríamos manter estivessem escondidas sob o caos. Lembrei-me vagamente de algum tipo de projeto estratégico do proprietário original, mas suas intenções haviam se tornado invisíveis, ocultas, sem nenhum benefício para ninguém agora. Então decidi naquele momento que eu iria limpar aquelas ervas daninhas nos meus dois dias em casa.

A magnitude do projeto de capina me inspirava e me aterrorizava. Eu poderia limpar as ervas daninhas em dois dias enquanto estivesse em casa? O que havia restado embaixo, faminto pela luz do sol? Eu não sabia, mas me senti incitada pelo desafio por razões que ainda não conseguia entender.

Às nove horas, o ar estava completamente saturado, tão úmido que você quase podia nadar nele, mas não desisti. Eu precisava de algo físico depois da viagem, de sentar-me em aviões, em carros, em conferências. Eu queria pôr a mão na massa e ver resultados tangíveis. Depois de duas horas, eu estava progredindo, mas ainda havia um longo caminho a percorrer. Eu olhei para as minhas mãos. Minhas luvas velhas estavam rasgadas e encharcadas de folhas molhadas e sujeira deixadas para trás pela tempestade na noite anterior. E havia mais urtigas para puxar, umas coisas espinhosas que eu não sabia nem o que eram. Em busca de ajuda, fui até uma loja de suprimentos para fazenda.

Trinta minutos depois, vesti um novo par de luvas e mergulhei de volta nas ervas daninhas. Puxei e puxei, a parte inferior das costas dolorida e os joelhos doendo devido ao constante agachamento. Ainda assim, continuei focada na tarefa. Não olhei para cima, não verifiquei as mensagens no meu telefone ou corri para descansar e tomar outra xícara de café. Eu continuava puxando as ervas daninhas, às vezes uma a uma, às vezes pegando um monte de caules e puxando-as pelas raízes. A raiz sempre era a meta, por mais profunda que fosse. Remover a raiz era a única maneira de impedir o retorno das ervas.

A manhã estava chegando ao fim e o calor estava começando a secar e endurecer o chão, então eu me esforcei ao ponto de ficar tonta várias vezes. Gabe percebeu minha teimosia e correu para ajudar, com medo de que eu desmaiasse sozinha (é isso que significa estar juntos no melhor e no pior!).

Quando me aproximava do fim do trabalho, algo aconteceu. Comecei a ver o formato da estratégia do proprietário anterior. A forma original dos canteiros de flores emergiu, os buxos começaram aparecer em belas fileiras e trechos esporádicos de adubo viram a luz do dia pela primeira vez em semanas.

Pouco a pouco, a ordem voltou e foi lindo. Nunca o trabalho ao ar livre pareceu tão gratificante. Eu já havia trabalhado durante seis horas e não havia como parar agora. Passei mais duas horas. E então, três. Eu me senti apaixonada pelo que estava sendo descoberto, pela beleza sendo restaurada, inspirada pelo que eu criaria novamente nesses canteiros quando criássemos lugar para uma nova vida emergir dali.

Eu mal notei o pôr do sol até Gabe me chamar. Tínhamos planos para a noite e ele veio me dizer que era hora de se arrumar. Eu odiei sair dali, mas sabia que precisava de um descanso. Meu corpo não aguentava mais tonturas, agachamentos e puxões. E, depois do jantar naquela noite, afundei-me na cama, exausta e agradecida. Mal podia esperar para voltar na manhã seguinte.

Acordei no domingo às seis. Eu mal conseguia me mexer, mas estava determinada a terminar. Tomei um ibuprofeno para aliviar a dor, coloquei minhas novas luvas azul-turquesa, apliquei protetor solar nas bochechas e no pescoço, coloquei meu chapéu de beisebol preto e saí pela porta.

No início da quietude matutina, enquanto trabalhava e ouvia o coro dos meus amigos pássaros, me lembrei do meu pai e de como ele sempre andava pelo quintal arrumando novos projetos. Ele sempre preferia estar do lado de fora cuidando do jardim, sentado na grama, puxando ervas daninhas, vestindo seu chapéu triangular típico feito de jornal, que oferecia uma sombra extra. De vez em quando, ele puxava algo da sujeira e provava. Ele experimentava qualquer coisa que crescia em qualquer coisa, incluindo todas as partes de uma maçã, exceto o caule. Suponho que eu tenha herdado dele o amor pela jardinagem, pela natureza, por qualquer coisa ao ar livre.

Enquanto eu trabalhava naquele jardim, lembrei que disse a um amigo algumas semanas antes que eu estava no meio de uma estação de mudança de alicerces. E a metáfora de limpar o alicerce que cerca nossa casa teve um significado para mim. Nunca fiquei tão empolgada com o projeto, muito menos com esse senso de urgência, mas aqui estava eu, passando os únicos dois dias que tinha em casa naquela semana sob o sol escaldante, como se minha vida dependesse disso.

Meu entusiasmo por trabalhar no quintal naquele fim de semana foi uma expressão tangível de como eu me sentia em relação ao meu trabalho. No começo, eu era apaixonada por escrever e ensinava com energia de sobra, apresentando novas ideias e conceitos todos os dias e até mesmo noites. Deus fixava pensamentos em meu coração e eu os anotava tão rapidamente quanto eles apareciam. Mas, ao longo dos anos, essa paixão começou a diminuir. Eu queria aquela energia infinita de volta, com a qual eu me derramaria sobre volumes de pesquisa e estudo por longas horas, meu nariz enterrado nos livros. Eu queria recuperar o mesmo tipo de paixão e energia para escrever e ensinar, como descobri naquele fim de semana limpando ervas daninhas.

Eu queria recuperar a paixão que cercava minha vocação.

ARRANCANDO ERVAS DANINHAS QUE SUFOCAM

Cada um de nós é feito para algo específico. Deus nos dá uma paixão particular para que possamos fazer parceria com ele na criação e construção do Reino. É uma crença apoiada pelas Escrituras, que indica que cada um de nós tem um papel diferente, uma paixão diferente.[1] Quando descobrimos essa paixão, quando a vivemos, nos tornamos mais vivos. Nada foi mais encorajador, gratificante e verdadeiro para mim do que viver minha paixão: ajudar as pessoas a assumirem seu chamado para um lugar de liberdade.

CADA UM DE NÓS É FEITO PARA ALGO ESPECÍFICO. DEUS NOS DÁ UMA PAIXÃO PARTICULAR PARA QUE POSSAMOS FAZER PARCERIA COM ELE NA CRIAÇÃO E CONSTRUÇÃO DO REINO.

No entanto, nos últimos anos, eu havia permitido que outras coisas excluíssem minha única coisa específica, a melhor coisa que eu possuía. Eu concordara em falar em conferências, mesmo que o tema não se enquadrasse perfeitamente. Eu me dediquei demais às atividades de casa também e senti que estava sempre mudando de uma coisa para a outra. E também havia redes sociais. Quantas vezes me encontrei no meio de uma discussão calorosa no Twitter ou de uma confissão boba no Facebook? Muitas distrações ultrapassaram a simplicidade do meu propósito. Com o tempo, comecei a perder de vista minha paixão e entusiasmo iniciais, e me vi à beira do esgotamento.

No dia em que eu disse à minha sogra que estava perdendo minha paixão — uma frase que nunca me imaginei dizer —, sabia que precisava fazer algo sobre isso. Então, assim como puxei ervas daninhas no jardim, afastei as distrações, uma a uma, por medo de que sufocassem minha paixão para sempre. As distrações das redes sociais, obrigações adicionais, pressões e fatores estressantes. Todas essas coisas surgiram sem que eu percebesse e ultrapassaram a vida que eu pretendia ter inicialmente. Elas também causavam ansiedade leve, embora eu não tivesse percebido até me livrar delas. Ao abrir espaço, à medida que ganhei limite, minha paixão foi reanimada. Comecei a mergulhar em livros desafiadores. Anotei novas ideias durante as caminhadas da tarde. Eu me vi escrevendo e ensinando com entusiasmo renovado quando abri espaço novamente para o que fui criada para fazer e comecei a prosperar mais uma vez.

LIMPE AS ERVAS DANINHAS QUE SUFOCAM SUA PAIXÃO

O que está sufocando sua paixão, seu trabalho, o lugar para onde sua energia criativa deveria ir? Que coisas precisa extrair de sua vida para ter a energia necessária para fazer parceria com Deus no propósito criativo d'Ele para você? Identifique essas coisas e livre-se delas: atividades que não trazem vida, obrigações que distraem ou redes sociais. Puxe as ervas daninhas. Pegue-as pela raiz para que não voltem a crescer. Então, com uma paixão renovada, use-a para criar algo bonito com Deus.

O QUE ESTÁ SUFOCANDO SUA PAIXÃO, SEU TRABALHO, LUGAR PARA ONDE SUA ENERGIA CRIATIVA DEVERIA IR?

↗ PARA REFLETIR ↖

1. PELO QUE VOCÊ É MAIS APAIXONADO? É ALGUM TIPO DE MINISTÉRIO? DE ARTE? UM ASPECTO DE SUA CARREIRA? SERÁ QUE VOCÊ SABE? PASSE UM TEMPO EXPLORANDO SUA PAIXÃO E ESCREVENDO SUAS RESPOSTAS.

2. QUE DISTRAÇÕES ESTÃO SUFOCANDO SUAS PAIXÕES, SUA ENERGIA PARA CRIAR?

3. COMO VOCÊ EMPREGARÁ SUA PAIXÃO PARA CRIAR ALGO BONITO COM DEUS?

FAÇA UM TRABALHO ARTESANAL

UM MOLDE E UM PLANO

CAPÍTULO 24

CAPÍTULO 24

FAÇA UM TRABALHO ARTESANAL

UM MOLDE E UM PLANO

Viva uma vida calma e trabalhe com suas mãos.

—DANA TANAMACH

Cresci vendo minha mãe costurar. Ela comprou uma máquina Touch & Sew em 1965 na loja Singer, no centro da cidade. Para conseguir o dinheiro para a entrada, ela vendeu sua máquina antiga para um vizinho e trabalhou como caixa de banco para pagar o restante. A máquina era guardada em um armário de madeira, tinha um pedal e discos especiais para criar zigue-zagues sofisticados. O zumbido dessa máquina mágica foi a melodia de fundo da minha educação. A máquina de costura estava sempre funcionando porque, entre nós seis, sempre havia uma pilha de camisas ou calças que precisavam ser consertadas ou um molde e um tecido esperando para dar vida a uma nova roupa.

Como a filha mais velha de nossa família, eu era a candidata perfeita para modelar o artesanato hábil da minha mãe. Ela fazia vestido atrás de vestido para mim, em padrões ousados e coloridos, e, como a pessoa nostálgica que é, até costurou um cobertor com letras grandes soletrando

R-E-B-E-K-A-H, cada letra feita de um tecido diferente de um vestido que ela já fizera para mim. Esse cobertor continua sendo um dos meus presentes mais valiosos.

Eu tinha dez anos quando finalmente recebi o sinal verde para fazer minha primeira roupa na máquina de costura da mamãe. Passei muito tempo pensando o que faria para o meu primeiro projeto independente. Acabei decidindo fazer uma blusa sem mangas com listras rosa e azuis (estas eram minhas cores, porque eu era uma pessoa do "verão") com uma bainha recortada que parava logo abaixo da minha cintura. O fechamento na parte detrás foi realizado com botões rosa em forma de coração. Eu pensei que um molde sem mangas seria mais fácil. Não era. Eu me familiarizei bastante com termos como *viés* e *entretela* antes da conclusão do projeto. Por fim, minhas habilidades de costura foram o centro das atenções quando eu usava essa beleza com *culottes* no primeiro dia do acampamento de verão.

Nos 20 anos seguintes, continuei assumindo projetos de costura. Entre os itens que fiz, estavam quatro vestidos de baile no ensino médio, uma colcha malva e verde para o meu dormitório da faculdade e um vestido de baile para um dos meus primeiros encontros com Gabe. Gostava da liberdade de criar qualquer visual que quisesse a baixo custo, e, depois de descobrir os elementos básicos da costura, o processo criativo de trabalhar com as mãos era quase terapêutico. O que parecia uma diversão boa e criativa durante todos esses anos era, na verdade, o pensamento crítico do artesanato. Depois que entendi como cada passo se baseava no último, eu ficava mais do que focada, cantarolando uma música ou mordendo meu lábio.

Costurar não era a única maneira que minha mãe nos ensinava a trabalhar com as mãos. Todo Natal fazíamos enfeites de feltro à mão para presentear nossos amigos e familiares. Todo ano escolhíamos um novo molde, usávamos diferentes cores de feltro, colávamos tudo com uma pistola de cola quente e, em seguida, prendíamos um laço para pendurar. Um ano, o enfeite escolhido foi uma meia minúscula com uma mensagem dentro.

Nos aniversários, nos uníamos à mamãe para criar um bolo para o aniversariante. Escolhíamos uma receita de um livro de bolos e, com panelas redondas ou retangulares, um estêncil para decorar e uma faca de manteiga, enfeitávamos os bolos de todas as formas, desde carros de corrida a anjos e borboletas.

A maneira como nossa família funcionava me ensinou algo importante: você pode fazer praticamente qualquer coisa com paciência, um molde e um pouco de atenção aos detalhes.

Quando Gabe e eu nos casamos, adotei a arte de arrumar as janelas como se fosse meu trabalho. Era minha maneira de criar beleza e economizar dinheiro. Foi nessa época que bordas de cornija eram um sucesso, então eu comprava a espuma, cortava o molde e comecei a me familiarizar com uma pistola de cola quente. Esse frenesi de decoração se transformou em costura de panos de mesa, cobertores e edredons para cada cama e, sim, até assumi a difícil tarefa de reaproveitar poltronas vintage e um sofá velho com uma pistola de grampos confiável. Com um orçamento pequeno e muito tempo (ainda não tínhamos filhos), eu queria criar uma casa aconchegante com um toque pessoal.

Depois de cobrir todas as superfícies possíveis com tecido, minha próxima fase foi a tinta. Um fim de semana, quando Gabe estava viajando, tive a brilhante ideia de pintar nosso quarto de vermelho, *sozinha*, para surpreendê-lo quando ele voltasse para casa. Não foi uma escolha sábia de cores para uma amadora, mas eu estava determinada. Horas depois, a parede estava coberta de listras e meu braço estava prestes a cair. Foi assim que aprendi que a tinta vermelha na parede é cruel. Quando Gabe chegou em casa, ele me ajudou a pintar outra camada. Nunca parecia estar realmente livre de listras, mas era nossa parede.

A ALEGRIA DE TRABALHAR COM AS MÃOS

Pensando naqueles anos de trabalho artesanal, vejo como isso me deu uma sensação de realização e aumentou minha confiança, me ajudou a acreditar que eu poderia fazer qualquer coisa. E havia uma satisfação em ser aprendiz ao longo da vida, em aceitar qualquer desafio, mesmo que exigisse riscos. Trabalhar com as mãos me ensinou conscientização espacial e como colocar uma paleta de cores em uma sala, das paredes às roupas de cama e à arte. Mais tarde, em nosso casamento, eu aprendi a aproveitar ao máximo cada centímetro quadrado de nosso apartamento de 102m² em Nova York. Além disso, sempre que a ansiedade surgia, eu sempre podia recorrer a algum esforço criativo com as mãos e encontrava alívio.

Os aspectos de aliviar o estresse e a ansiedade de trabalhar com as mãos foram documentados. De acordo com o site *Psychology Today*: "Pesquisas mostraram que as atividades artesanais, desde o tricô até a marcenaria, desde cultivar vegetais ou cozinhá-los, são úteis para diminuir o estresse, aliviar a ansiedade e modificar a depressão... As mãos funcionais também estimulam um fluxo na mente que leva a um pensamento espontâneo criativo e alegre. Os momentos de pico ocorrem quando a pessoa age, pondera e sonha."[1] Além disso, uma publicação online observou que: "Médicos do século XIX prescreviam tricô para mulheres ansiosas. Sem conhecer a neurociência exata por trás disso, eles sabiam que o tricô de alguma forma relaxava esses pacientes."[2] Em um sentido muito realista, trabalhar com as mãos alivia a mente.

EM UM SENTIDO MUITO REALISTA, TRABALHAR COM AS MÃOS ALIVIA A MENTE.

Talvez seja apenas eu, mas parece que, neste mundo supermovimentado, altamente automatizado, guiado pelos computadores, trabalhamos cada vez menos com as mãos. Nós nos ocupamos elaborando rascunhos e relatórios eletrônicos e debruçando-nos sobre planilhas. Em vez de fazer roupas, nós as compramos. Em vez de estofar nossas próprias cadeiras, pagamos alguém para fazê-lo. É de admirar, então, que tenhamos tanto estresse e ansiedade? Suspeito que, se os médicos do século XIX nos visitassem hoje, dariam uma receita muito simples para curar nossa ansiedade e pânico: vá fazer alguma coisa.

PLANEJE ALGO PARA CRIAR COM AS MÃOS

Criar algo com as mãos (como um suéter, um pão ou uma obra de arte) não acontecerá sem planejamento e preparação. Você precisará identificar o que deseja criar (seja o que for, a criação deve ser cheia de alegria, e não ansiedade). Considere explorar um hobby antigo, como costurar ou tentar algo novo, como caligrafia ou pintura em aquarela. Procure novas ideias no Pinterest ou na loja de artesanato ou tecido local, e escolha ou consulte alguns amigos criativos.

Depois de identificar o que deseja criar, talvez seja necessário encontrar um molde, ou fazer o download de um livro de instruções, ou encontrar um vídeo DIY [*Do It Yourself* — Faça Você Mesmo] no YouTube. Em seguida, reserve um tempo para criar. Como só existem 24 horas por dia, geralmente preciso encontrar um dia em que eu possa ficar desconectada da internet, o que me dá tempo extra para estar totalmente presente e imergir em algo novo sem distração.

Às vezes, criar algo do zero pode parecer assustador, mas, quando estamos envolvidos no ato em si, conseguimos nos ver livres do estresse, da depressão e da ansiedade do mundo exterior. Eu sei disso por experiência própria e minha filha também. Kennedy estava no meio de um período difícil e eu perguntei se criar algo com as mãos ajudaria. Ela disse que sim, então fomos a uma loja de artesanato e compramos um colchão barato de espuma e uma dúzia de frascos de tinta *puff*. Quando chegamos em casa, ela se engajou na arte, cortando o colchão em diferentes formas e pintando-as. Ela criou *squishies* (objetos de espuma que devem ser espremidos para aliviar o estresse) durante todo o fim de semana, talvez suficientes para dar um para cada estudante da sexta série da cidade, e, no final do fim de semana, seu estresse e ansiedade haviam se dissipado.

USAR AS MÃOS, EMPREGAR A NOSSA CRIATIVIDADE
DADA POR DEUS PARA FAZER ALGO NOVO,
É UM ÓTIMO REMÉDIO PARA A ALMA.

Usar as mãos, empregar a nossa criatividade dada por Deus para fazer algo novo, é um ótimo remédio para a alma. Isso nos ajuda a focar algo diferente de nós mesmos e a usar nossas habilidades estratégicas de solução de problemas para criar algo que traga beleza e construa nossa confiança como criadores. Isso nos enche de um sentimento de realização e geralmente nos permite oferecer um presente ao mundo. Hoje, faça um plano para fazer alguma coisa. Reúna os materiais, arranje tempo e se divirta.

↗ PARA REFLETIR ↖

1. QUANDO FOI A ÚLTIMA VEZ QUE VOCÊ CRIOU ALGUMA COISA COM AS MÃOS?

2. QUANDO VOCÊ TERMINOU, COMO SE SENTIU?

3. QUAL É A COISA QUE SEMPRE QUIS CRIAR? QUAIS PASSOS DARÁ NO PRÓXIMO MÊS PARA INICIAR ESSA CRIAÇÃO?

APRENDA ALGO NOVO

FAÇA UMA AULA

CAPÍTULO 25

CAPÍTULO 25

APRENDA ALGO NOVO

FAÇA UMA AULA

> *Quem para de aprender é velho, mesmo se tiver 20 ou 80 anos.*
>
> —HENRY FORD

Dois meses depois de chegar à cidade de Nova York, nosso filho mais novo entrou no jardim de infância. Assim, nossa proverbial década de dias na biblioteca para ler histórias, almoços nas praças de alimentação e encontros para brincadeiras em museus infantis terminaram.

> QUANDO ESTAMOS INCERTOS SOBRE NOSSO LUGAR NO MUNDO, O MEDO PODE SE INSTALAR.

Eu não estava triste com essa mudança, apesar de sentir o vazio. Pensando naquela época, eu me pergunto se a ansiedade que senti naquele primeiro ano em Manhattan remonta ao fato de eu não saber o que fazer agora que tinha tempo. Quando estamos incertos sobre nosso lugar no mundo, o medo pode se instalar. E foi o que aconteceu comigo. Quando me deparei com um mundo de possibilidades, tudo que eu tinha eram perguntas:

Eu mereço passar um tempo comigo mesma?

Qual poderia ser meu foco nesta nova etapa?

Como devo gastar meu tempo?

Por onde começo?

Fazia tanto tempo desde que tive tempo de considerar o que eu mais gostava, o que eu mais queria fazer. Então fiz um inventário. Na última década, quando não estava lidando com fraldas, adorava ler as últimas novidades em moda e design de interiores. Não porque eu tivesse um interesse profissional em design, perceba, mas a leitura me proporcionava uma fuga para a terra adulta. Mesmo assim, meu fascínio pelo design de todas as coisas era uma pista para uma área de potencial inexplorado.

Manhattan tem algumas das principais escolas de design do país, então procurei a Parson's School of Design para ver que tipo de aulas eles ofereciam. Ter aulas era algo que eu evitava desde meus dias de faculdade, mas, naquela fase da minha vida, era o que eu precisava. Voltar para a educação formal tinha um apelo diferente agora, e a Parson's tinha uma aula de outono que começaria em apenas duas semanas: *Os fundamentos do design de moda*. Dois anos antes da nossa mudança para Nova York, passei um breve período desenhando vestidos para uma linha infantil em Atlanta. Embora tenha gostado, o trabalho me ensinou que eu não sabia o que eu não sabia. Com muitos amigos que trabalhavam em alguma área da indústria da moda, fiquei curiosa para aprender os fundamentos do design com os especialistas. Então, respirei fundo e me matriculei.

Toda sexta-feira à noite, Gabe cuidava das crianças e eu pulava em um trem que ia da Lexington e 59º para o centro da cidade, na Union Square. Embora tivesse mais de 30 anos, mal podia esperar para me juntar a outras pessoas criativas, artistas e designers, que eram muito parecidos comigo, mas tinham metade da minha idade. Fiquei agradecida a uma amiga que, apesar de ser uma década mais jovem, decidiu fazer o mesmo curso no semestre seguinte. Ela me fazia rir e me ajudou a superar a lacuna de idade.

Os Fundamentos do Design de Moda envolviam a história do design de moda, fatos sobre a moda, desenhos de modelo vivos e um pouco de design de figurino. Aprendi que era péssima em desenhar e não fazia ideia do quanto essa habilidade era importante para criar um design. Eu me senti pressionada e completamente fora da minha zona de conforto. Imaginava algo em minha mente, mas não consegui dar vida a ele no papel. Toda semana, desenhávamos modelos andando na passarela, de forma rápida e repetitiva. O objetivo era velocidade e eficiência — e proficiência. Se pudéssemos imaginar os movimentos do tecido sobre o corpo, poderíamos ser melhores designers. Meus resultados? Digamos que fiquei aflita com eles.

Dia após dia, nos sentávamos em mesas colocadas em forma de U com uma passarela montada no centro. Enquanto nosso professor circulava pelas mesas para visualizar nosso trabalho, eu sempre tentava cobrir o meu com o braço esquerdo (um dos benefícios de ser canhota) para evitar constrangimentos públicos. Afinal, ele ficava feliz em oferecer um feedback alto (ou seja: críticas) na frente de todo o grupo. Se um aluno pode aprender com seus erros, por que não deveriam todos? Eu mantinha minha cabeça baixa e ficava quieta.

Contudo, fui salva no final do semestre. Finalmente, passamos da fase de desenho e conceitualização para modelagem e costura, áreas nas quais minhas aulas de costura na infância me permitiram brilhar. Junto com os outros alunos, minha nota final seria baseada em uma roupa que projetei, costurei e modelei para a classe. Encontrei minha área de conforto e fiz um vestido macio de lã cinza com corpete justo e saia plissada. Quando eu o mostrei para a turma na qual a maioria tinha 20 anos, recebi uma salva de palmas — todos ficaram impressionados com o fato de essa senhora ter um talento estilo *Vogue*, afinal.

Aprender algo novo teve um impacto profundo na minha confiança. Se eu não tivesse participado dessa aula, não teria tido a coragem de tentar fazer outras coisas novas. Mais tarde, no mesmo ano, escrevi meu primeiro artigo, que levou a outro, depois a outro e, finalmente, a meu primeiro livro. À primeira vista, pode não parecer haver uma correlação entre a Parsons School of Design e a eu ter me tornado uma autora publicada, mas havia uma conexão profunda. Meu esforço para aprender algo novo me ajudou a acreditar que ainda poderia criar, mesmo que fosse em um campo desconhecido. Isso me ajudou a acreditar que podia contar histórias, incentivar outras pessoas e criar algo substancial.

Olhando para trás agora, mesmo não sendo designer de moda, fico feliz por ter explorado o design com a mente aberta. Se eu não tivesse seguido minha curiosidade, quem sabe se eu teria acreditado em mim o suficiente para escrever esses artigos? Quem sabe se eu estaria escrevendo este livro agora?

ENCONTRO COM O ARTISTA

Existem muitas maneiras de aprender algo novo. Fazer aulas é a maneira mais formal, mas uma das minhas maneiras favoritas de aprender uma coisa nova é algo que a autora Julia Cameron chama de "Encontro com o Artista". Ela escreve:

O Encontro com o Artista é uma expedição individual e festiva, realizada uma vez por semana para explorar algo que lhe interessa. O Encontro com o Artista não precisa ser explicitamente "artístico" — pense em transgressão mais do que em domínio. Os Encontros com o Artista estimulam a imaginação. Eles provocam a excentricidade. Eles incentivam o desempenho. Já que a arte é um jogo de ideias, os encontros alimentam nosso trabalho criativo, reabastecendo nossa fonte interior de imagens e inspiração.[1]

Estarmos em novos ambientes faz bem para o nosso cérebro. O termo científico para isso é neuroplasticidade — o entendimento de que "aparentemente, a inteligência não é fixa, nem plantada firmemente em nossos cérebros desde o nascimento. Em vez disso, ela se forma e se desenvolve ao longo de nossas vidas".[2] Quando experienciamos coisas novas, começamos a expandir nosso pensamento e criatividade. Novas vias eletroquímicas são formadas, como estradas que conectam experiências e conhecimentos passados aos novos. Mas o oposto também é verdadeiro. Quando paramos de nos esforçar para aprender, nosso cérebro sofre. "Quando as pessoas param de praticar coisas novas, o cérebro acaba eliminando, ou 'podando', as células que formaram as vias de conexão."[3] Quanto mais conexões pudermos criar, melhor, porque sempre estamos nos conectando ou desconectando.

QUANDO EXPERIENCIAMOS COISAS NOVAS, COMEÇAMOS A EXPANDIR NOSSO PENSAMENTO E CRIATIVIDADE.

Isso nos leva de volta ao aprendizado de uma nova válvula criativa. Estarmos deprimidos, ansiosos ou sozinhos pode ser um reflexo de algum revés interior. Ficamos tristes com quem somos ou quando a vida não está indo de acordo com nossas expectativas. Nós nos sentimos impotentes diante dessas emoções, nos acalmamos com um saco de pipoca, um cobertor quente e peludo e o último episódio de nossa série favorita em um aplicativo de *streaming*. Queremos fazer qualquer coisa, menos aprender algo novo! Mas esta é uma prática essencial se vamos viver vidas de paz e propósito.

Durante aquele primeiro ano em Manhattan, Deus sabia que superar aqueles dias de ansiedade e momentos de pânico exigia, em parte, uma visão crescente do que eu era capaz de fazer. Mas essa visão ampliada nunca teria chegado sem a coragem de aprender algo novo.

Se está em um momento triste e mal consegue seguir adiante, perceba que não está sozinho. Eu sei como você se sente. A última coisa que quer ouvir é que precisa fazer mais uma coisa. Mas, confie em mim, se der o corajoso passo para aprender algo novo, encontrará novos caminhos para a liberdade, caminhos que o levarão a ser quem você deveria ser.

↗ **PARA REFLETIR** ↖

1. VOCÊ É O TIPO DE PESSOA QUE TENTA COISAS NOVAS OU PREFERE FAZER SEMPRE O QUE JÁ SABE? QUANDO FOI A ÚLTIMA VEZ QUE SE INSCREVEU EM UMA AULA, ESCOLHEU UM NOVO HOBBY OU TENTOU ALGUMA ATIVIDADE NOVA? O QUE VOCÊ APRENDEU?

2. COMO SE SENTIU?

3. PLANEJE UM ENCONTRO COM O ARTISTA PARA O PRÓXIMO MÊS. O QUE VOCÊ FARÁ? ESCREVA SUA IDEIA.

CRIE MEMÓRIAS

― *JOGOS IMAGINATIVOS* ―

CAPÍTULO 26

CAPÍTULO 26

CRIE MEMÓRIAS

JOGOS IMAGINATIVOS

Memórias não são feitas de listas de tarefas.
—AEDRIEL MOXLEY

Todo ano, durante as férias, nossa família se junta em casa, enche uma tigela com pipoca com sal e assiste à nossa trilogia favorita de todos os tempos: *Querida, Encolhi as Crianças*; *Querida, Estiquei o Bebê*; e *Star Wars*. Não, não estou falando dos filmes que faturaram mais de 1 bilhão de dólares nas bilheterias. Estou falando dos curtas-metragens inspirados nesses filmes, estrelados pela família Lyons, por volta de 2006–2007.

Como novos pais na casa dos 20 anos, quase sem energia de sobra, Gabe e eu recebemos alguns conselhos valiosos de Mark e Jan Foreman, nossos mentores e amigos, que haviam conseguido criar seus filhos para se tornarem adultos criativos. Mark e Jan defendiam uma grande ideia: quando nossos filhos nos procuram com uma ideia maluca de uma experiência que gostariam de criar, nossa resposta sempre deve ser sim.

Aos quatro anos, Pierce queria fazer filmes. E que lugar melhor para começar do que nosso porão? O primeiro curta-metragem foi *Querida, Estiquei o Bebê*. Cade era o bebê, Kennedy era a babá, Pierce era o professor, e Gabe e eu éramos, claro, os pais. A máquina que fazia crescer era o nosso aspirador de pó, com seu tubo de sucção destacável, e os carros e pistas de corrida *Hot Wheels* formaram a cidade quando Cade estava esticado. Em cinco minutos breves, depois de aterrorizar a cidade falsa, Cade voltou ao tamanho normal e se reuniu com sua mãe e pai em nossa minivan na garagem, enquanto as câmeras continuavam rolando.

Então veio a fase do sabre de luz de Luke Skywalker. Usando uma faixa, minhas botas marrons de caubói e uma máscara para dormir esquisita presa à cabeça para formar uma barba, Pierce, com cinco anos, fazia o papel de Luke. Eu era a princesa Leia, com tranças laterais enroladas e um roupão de banho branco. Provavelmente o figurinista deveria estar doente nesse dia. Cade era o vilão, com um capacete de Darth Vader ativado por voz e o casaco preto de Gabe. Minha cena favorita é o final, quando Luke se gaba com Leia de como ele estava "empurrando e forçando" (Darth) até a vitória ser conquistada, enquanto bebia uma lata de Coca-Cola.

Depois que Pierce superou suas aspirações de cineasta, ele decidiu se tornar um jogador profissional de beisebol quando crescesse. Por isso, inventamos o estádio de beisebol do Atlanta Braves no pátio do quintal. Com linhas de giz e contêineres vazios, fabricamos o dugout, o campo externo, as arquibancadas e até a garrafa de Coca-Cola, que foi colocada no alto de um parapeito. Vestindo uma camiseta e um boné de beisebol dos Braves, Pierce foi até o conjunto de T-ball* enquanto seus fãs torciam ruidosamente. Ele até quebrou o recorde de home run

---

* Tee Ball ou T-ball é um esporte baseado no beisebol, normalmente como uma introdução para jovens jogadores ou crianças, a fim de que desenvolvam habilidades e se divirtam. [N. da T.]

naquele ano! Esse jogo durava várias semanas, redesenhado constantemente no quintal ou levado para a nossa sala de estar, se estivesse um clima chuvoso.

Não havia limite para o que Gabe diria sim. Quando Pierce pediu para construir uma montanha-russa em nosso quintal, alguns anos depois, Gabe respondeu: "Claro, mas vamos esperar até que tenha 12 anos." Gabe pensou que, aos 12 anos, Pierce teria idade suficiente para entender que isso era uma solicitação irracional. Mas ele não entendeu. Então Gabe teve que dar a notícia de que a montanha-russa teria uma forma arredondada, mais parecida com um trampolim.

Dizer sim tornou-se a maneira de nos envolvermos com nossos filhos. Desafiava-nos a ser criativos, mesmo quando pediam experiências improváveis, como construir montanhas-russas ou fazer longas-metragens. Mas também me ofereceu algo igualmente valioso, especialmente em dias difíceis, quando não estava com vontade de sair da cama. Eu era motivada a afastar a apatia quando Pierce, Kennedy ou Cade me pediam para vestir fantasias bobas ou participar de sua criatividade maluca. A autoabsorção desaparecia quando me colocava no lugar deles na tentativa de lhes oferecer uma experiência memorável.

QUANDO ROMPEMOS O CICLO DE LABUTA E FOCAMOS CRIAR MEMÓRIAS COM AQUELES À NOSSA VOLTA, COMEÇAMOS A PERCEBER COISAS INCRÍVEIS EM NOSSAS VIDAS.

A imaginação precede a criatividade.[1] Em outras palavras, se não conseguimos imaginar bem, limitamos nosso potencial para novas ideias criativas e vivemos restringidos por nossos velhos ritmos. Quando rompemos o ciclo de labuta e focamos criar memórias com aqueles à nossa volta, começamos a perceber coisas incríveis em nossas vidas.

MEMÓRIAS NÃO SÃO FEITAS DE LISTAS DE TAREFAS

A menos que você *realmente* goste de memórias de idas ao supermercado, caronas para os filhos e limpeza da garagem, meu caro amigo Aedriel Moxley está certo: as memórias não são feitas de lista de tarefas. Uma lista de tarefas exige pouca criatividade, embora marcar as caixas nos ajude a sentir que conseguimos algo significativo.

Em um artigo da revista *Fast Company,* Reva Seth escreve: "Muitas das ações de nossas listas de tarefas — aquelas que governam nosso cotidiano —, na verdade, não correspondem aos nossos principais valores. E isso só agrava a sensação de estar sobrecarregado."[2] Sei disso por experiência própria. Há dias em que coloco toda a minha melhor energia no que chamo de "atividades automáticas" — tarefas que não exigem imaginação ou talento especial, mas que são necessárias para manter a casa e a família funcionando. Se minha energia se vai apenas dessa forma, dia após dia, isso me deixa sem vida. Mesmo se eu marcar tudo da lista, ainda me sinto esgotada e exausta quando minha cabeça cai no travesseiro.

Quando sacrificamos os valores que mais prezamos pelo imediatismo de verificar as coisas de nossas listas, nos prejudicamos. Nosso coração precisa de espaço para sentir, criar, abraçar e amar — nada disso pode ser colocado em uma lista de tarefas. Essas prioridades só surgem quando damos tempo para que a exploração, a diversão e a vida espontânea aconteçam.

Ao fazer pesquisas para este livro, deparei-me com um relatório detalhando a vida de Leonardo Da Vinci, de acordo com seus diários. Sua lista de tarefas era composta de itens como "Desenhar Milão" (sim, toda a cidade!) e "pergunte ao Maestro Antonio como as argamassas são posicionadas nos bastiões de dia ou de noite", uma pesquisa arquitetônica que ele estava realizando.[3] As tarefas diárias de Da Vinci eram alimentadas por buscas apaixonadas e conversas significativas que afiariam sua mente e expandiriam sua imaginação. Se eu pudesse dar um palpite, diria que seu pensamento imaginativo o levou a mais do que algumas lembranças durante sua vida.

MEMÓRIAS INSPIRAM OS OUTROS

Quando produzimos memórias, cultivamos nossa imaginação e criamos memórias que nos vivificam. Quando nossos filhos cresceram, Gabe e eu os incentivamos a criar suas próprias memórias. Nós os ensinamos a ver que, com um pouco de imaginação, nada era impossível ou fora dos limites. E agora eles estão usando sua imaginação para criar bênçãos para os outros, incluindo Gabe e eu. Pierce escreveu uma música para o meu 40º aniversário. Kennedy pintou aquarelas para dar à família e aos amigos.

QUANDO PRODUZIMOS MEMÓRIAS, CULTIVAMOS NOSSA
IMAGINAÇÃO E CRIAMOS MEMÓRIAS QUE NOS VIVIFICAM.

Criar memórias e usar nossa imaginação exige que sejamos presentes, o que é quase impossível quando você está preso na exaustão, depressão e ansiedade. Então, da próxima vez que se encontrar no final de uma semana difícil, em vez de se desligar ou escapar, que tal se tentasse produzir uma lembrança? E se completasse algum tipo de projeto familiar ou gravasse um filme de família? E se assasse biscoitos de Natal em julho ou criasse um novo jogo bobo? Criar memórias nos ajuda a nos afastar um pouco de nós mesmos, ainda que apenas por um momento. Em épocas de grande estresse ou ansiedade, pode ser exatamente isso que muda tudo.

↗ PARA REFLETIR ↖

1. REFLITA SOBRE SUAS ATIVIDADES AO LONGO DOS ÚLTIMOS MESES. VOCÊ ESTÁ CRIANDO MEMÓRIAS CRIATIVAS E IMAGINATIVAS COM SUA FAMÍLIA OU AMIGOS? SE NÃO, QUAIS SÃO ALGUMAS MUDANÇAS QUE PODE FAZER PARA GARANTIR QUE SUA IMAGINAÇÃO E A DE SEUS AMIGOS E FAMÍLIA SEJA ENCORAJADA?

2. QUAIS SÃO ALGUMAS COISAS CRIATIVAS QUE VOCÊ FEZ COM A FAMÍLIA OU AMIGOS QUE SE TORNARAM MEMÓRIAS DURADOURAS? O QUE TORNOU ESSAS EXPERIÊNCIAS MEMORÁVEIS?

3. ARRUME TEMPO NESTA SEXTA-FEIRA OU SÁBADO À NOITE. SENTE-SE À MESA E PERGUNTE À SUA FAMÍLIA: "COMO PODEMOS CRIAR MEMÓRIAS CRIATIVAS E DURADOURAS?" VEJA SE A CONVERSA NÃO SE TORNA HILÁRIA.

CUIDE DE ALGO

SEJA RESPONSÁVEL

CAPÍTULO 27

CAPÍTULO 27

CUIDE DE ALGO

SEJA RESPONSÁVEL

Nos sonhos começam as responsabilidades.
—W. B. YEATS

Estávamos voltando de nosso retiro anual — aquele em que Gabe e eu passamos alguns dias sozinhos, sem filhos, esquecendo tudo o que nos lembrava de nossas vidas frenéticas. Todos os anos, quando voltamos para casa, nos comprometemos a fazê-lo novamente no próximo ano, sabendo que esses tempos são essenciais para manter a química viva.

Enquanto caminhamos até a porta para cumprimentar nossos filhos, algo no canto esquerdo da minha visão chamou minha atenção. Olhei para baixo e vi penas brancas espalhadas por toda parte, como se um travesseiro tivesse explodido sobre os arbustos e no caminho de pedras que levava até nossa casa. Claramente, tínhamos acabado de entrar em uma recente e cruel cena de crime. A vítima: uma de nossas galinhas de cinco meses. Enquanto eu seguia a trilha de penas até o bosque ali perto, eu sabia que tínhamos tido sorte, pois apenas uma de nossas dezenas de galinhas se tornara um banquete para a família guaxinim que acampava em nossos bosques.

Quando olhei para o galinheiro, a porta parecia estar destrancada e aberta.

De fato, não há muitos animais mais fofos que pintinhos amarelos e fofinhos. Até este ano, eu só observava essas gracinhas na internet ou no zoológico. Mas tudo mudou quando Kennedy decidiu que queria participar do projeto 4H* do nosso condado. O projeto? Crie uma dúzia de galinhas desde o nascimento até seis meses de idade e depois leiloe cinco na feira do condado. A recompensa? Podemos ficar com algumas galinhas e comemos muitas omeletes, ovos mexidos e comida de café da manhã no jantar!

Porém havia uma razão maior para dizermos sim às galinhas. E não tinha nada a ver com ovos. Tinha a ver com ansiedade. Não a minha, mas a de Kennedy.

Sua experiência como aluna da sétima série trouxe muitas reviravoltas inesperadas. No meio do ano, ela começou a sentir falta de ar, medo e um tipo leve de ataques de pânico. Eu já tinha passado por isso aos 30 e tantos anos, mas minha filha? Aos 12 anos? Isso era possível?

Embora Kennedy não estivesse querendo assumir um pouco de responsabilidade adicional, pensamos que isso poderia ajudá-la a progredir. Deixe-me explicar o porquê.

---

* O Projeto 4H é uma rede de organizações para jovens nos Estados Unidos, que tem por objetivo engajar os jovens em seu potencial máximo e desenvolvimento. O nome vem do seu lema em inglês: Head, heart, hands, and health (Cabeça, coração, mãos e saúde) [N. da T.].

INCUTINDO A CONFIANÇA QUE VENCE A ANSIEDADE

Kennedy não está sozinha no que diz respeito à sua ansiedade. O *Washington Post* relatou: "Ansiedade, não depressão, é o principal problema de saúde mental entre os jovens norte-americanos."[1] Philip Kendall, diretor da Clínica de Transtornos de Ansiedade de Adolescentes e Crianças da Temple University e psicólogo clínico, explica que os adolescentes estão "crescendo em um ambiente de volatilidade, no qual as escolas têm isolamento, no qual há guerras além das fronteiras. Costumávamos ter alta confiança em nosso ambiente — agora temos um ambiente que antecipa catástrofes".[2]

DE ACORDO COM OS INSTITUTOS NACIONAIS DE SAÚDE, QUASE UM TERÇO DOS ADOLESCENTES EXPERIMENTARÁ UM TRANSTORNO DE ANSIEDADE DURANTE A VIDA.

Faz sentido. Muitos adultos não conseguem lidar com o volume de informações, violência, conflitos, notícias urgentes, confusões nas redes sociais e barulho, então como uma criança conseguiria? É demais. De acordo com os Institutos Nacionais de Saúde, quase um terço dos adolescentes experimentará um transtorno de ansiedade durante a vida, e as meninas sofrem mais, com incidências de até 38%, e meninos, de 26%.[3]

Isso me leva de volta às ideias de Viktor Frankl de que a responsabilidade não realizada leva a sentimentos de ansiedade. Poderia ser por isso que tantos de nossos jovens estão sofrendo com seus sentimentos?

Em um estudo que avaliou as últimas décadas, os dados mostram que os adolescentes não estão se preparando para as responsabilidades da vida adulta como antes. Entre os alunos do terceiro ano do ensino médio, há um declínio acentuado nos comportamentos nos últimos 25 anos que prova isso, incluindo: 55% trabalham por remuneração, abaixo dos 76% de antes; e 73% têm carteira de motorista, abaixo dos 88% de antes.[4]

Essas estatísticas deixam claro: há um declínio significativo na responsabilidade dos adolescentes. Combine isso com seu maior acesso a informações sobre a vida adulta e sua diminuição da sensação de segurança, e não é difícil ver o quão esmagador esse mundo parece às vezes.

CRIANDO GALINHAS, CRIANDO CONFIANÇA

Mães e pais, não baixem a guarda. Devemos estar vigilantes para impedir que a mente de nossos filhos seja paralisada pelo medo. Era isso que eu e Gabe fazíamos. Criamos uma estratégia para Kennedy combater os sentimentos de ansiedade quando surgissem, uma estratégia que surgiu a partir de minhas próprias experiências. Ensinamos nossa filha a orar as Escrituras em voz alta durante seus momentos mais sombrios, e ela tem sido consistente nessa prática. Isso a ajudou a superar seus sentimentos momentâneos de ansiedade. Ainda assim, Gabe e eu sabíamos que deveria haver mais que poderíamos fazer para ajudá-la. Então começamos a fazer a pergunta mais importante — até mesmo para ela: Quais *responsabilidades não cumpridas* existem em sua vida, mesmo em seu subconsciente?

Começamos a perguntar se Kennedy tinha alguma responsabilidade real, que ela sabia que era essencial e que ela precisasse lidar. Então, quando decidiu que queria enfrentar o projeto opcional da 4H, aproveitamos a oportunidade, sabendo que sua intenção de cuidar de animais vulneráveis e nutri-los poderia preenchê-la com um senso de responsabilidade. Ela teria que criar pintinhos para que se tornassem mães completas. Teria que trabalhar com as atividades cotidianas e corriqueiras de alimentar esses bichinhos fofinhos e colher ovos para ter sucesso. E, se não fizesse sua parte, esses filhotes sofreriam.

Na noite em que descobrimos penas em todos os lugares, Kennedy falhou em uma de suas responsabilidades. Era fácil de entender, a tempestade que causou estragos uma hora antes coincidiu com a hora em que ela normalmente travava o galinheiro. Mas, depois que a tempestade passou, ela se esqueceu de travá-lo e, quando lhe contamos sobre a galinha que faltava, ficou chocada.

"Mãe, como isso pôde ter acontecido? Faz apenas 30 minutos que parou de chover e eu estava planejando voltar, mas esqueci."

Eu respondi: "Está tudo bem, querida. Estamos felizes por o guaxinim ter pegado apenas uma. Essas galinhas não conseguem se defender, elas contam com você para protegê-las. Vamos garantir que isso não aconteça novamente."

Com lágrimas nos olhos, ela disse: "Sinto muito. Eu me sinto muito mal por essa galinha." Nós a tranquilizamos novamente, dissemos que é assim que o ciclo da vida se completa às vezes, e depois nos voltamos ao mesmo ciclo.

Semanas depois, Kennedy limpou os pés das galinhas restantes, arrumou suas penas e entrou com suas cinco melhores galinhas na feira do condado Williamson. Quando chegamos à feira à noite, após a conclusão do julgamento, estávamos empolgados. E, quando fomos à exposição de Kennedy, vimos uma fita azul em cima de seu galinheiro. Primeiro prêmio! Galinhas ganhadoras de Kennedy Lyons!

A responsabilidade de cuidar e proteger essas galinhas aumentou a confiança de Kennedy. Ela sabia que tinha recebido uma tarefa, trabalhou duro para realizá-la e conseguiu. Nos dias seguintes, senti uma mudança em seu comportamento. A ansiedade estava dando lugar a uma nova confiança, enquanto ela continuava a buscar novas áreas de responsabilidade nas semanas e meses que se seguiram.

O QUE É BOM PARA OS PINTINHOS É BOM PARA A GALINHA

O que é verdade para Kennedy é verdade para todos nós. Claro, houve muitos dias em que eu só queria me encolher no sofá, o cobertor cobrindo meus olhos, e dormir o dia inteiro. No momento, isso parecia a melhor coisa a fazer para mim. Mas dias seguidos fazendo essa mesma coisa me levam diretamente a uma depressão mais profunda, um estado no qual eu simplesmente não quero fazer nada.

Como quebro o ciclo? Assumo responsabilidades que me inspiram a sair da cama e sair de casa, a ser presente. Seja em reuniões semanais com minha equipe de trabalho, ou em almoços com um de nossos filhos que precisa de conselhos, ou concordando com o prazo de um livro ou de uma palestra, digo sim quando as oportunidades certas de responsabilização aparecem. Ter obrigações e responsabilidades me lembra de que sou necessária, que tenho um papel fundamental a desempenhar — e saber disso equilibra minha saúde mental.

Quando tenho responsabilidades, quando as pessoas confiam em mim, me sinto viva. Eu me sinto cheia de propósito. Eu me sinto engajada. Eu me sinto necessária.

QUANDO SOMOS RESPONSÁVEIS POR FAZER ALGUMA COISA, NOS SENTIMOS NECESSÁRIOS E ÚTEIS. QUANDO OBTEMOS SUCESSO, SOMOS PREENCHIDOS COM CONFIANÇA.

Mesmo que não consiga superar a ansiedade ou a depressão (na verdade, cuidado para não se esforçar demais), criar condições para uma saúde mental e emocional constante requer a criação de momentos de responsabilidade em sua vida. Quando somos responsáveis por fazer alguma coisa, isso nos faz sentir necessários e úteis. Quando obtemos sucesso, somos preenchidos com confiança. Se está preso em uma rotina de ansiedade, veja se há alguma oportunidade inexplorada de responsabilidade em sua vida.

↗ PARA REFLETIR ↖

1. QUAIS RESPONSABILIDADES O MOTIVAM?

2. LISTE O SIGNIFICADO POR TRÁS DAS RESPONSABILIDADES CITADAS ACIMA. COMO VOCÊ PODE MAXIMIZAR ESSE PROPÓSITO E SENTIDO?

3. QUAIS NOVAS ÁREAS DE RESPONSABILIDADE VOCÊ PODE TENTAR QUE POSSAM LHE DAR UMA SENSAÇÃO DE REALIZAÇÃO, CONFIANÇA E ALEGRIA?

DIGA SIM

CAPÍTULO 28

CAPÍTULO 28

DIGA SIM

ARRISQUE-SE

A segurança é basicamente uma superstição...
A vida é uma aventura ousada ou nada.
—HELEN KELLER

Na época em que estava grávida, Gabe e eu fugimos para uma "lua de mel grávida". Fizemos disso uma prioridade para que pudéssemos nos reconectar antes do caos. Deixamos nossos filhos no "Acampamento Vovô e Vovó" e nos escondemos em algum lugar tropical. Por que eu concordei em usar um maiô aos seis meses de gravidez, nunca vou saber. Mas relaxar à beira da piscina com batatas fritas e guacamole que nunca acabam, conversando com Gabe e lendo livros e revistas, era uma boa maneira de recarregar para a próxima temporada.

Durante nossa terceira lua de mel grávida, quando eu estava grávida de Kennedy, eu estava na beira da piscina, pronta para pular, e disse a Gabe: "Querido, esta será minha terceira cesariana. Não consigo imaginar a capacidade física ou emocional de mais crianças depois disso." Meu médico nos alertou sobre a quantidade de tecido cicatricial acumulado quando Pierce nasceu e tinha preocupações crescentes de que meu útero pudesse romper se eu entrasse em trabalho de parto. Não apenas isso, mas Cade ainda fazia cocô no penico aos cinco anos. Imaginei uma vida em que tivesse que trocar fraldas para sempre. E foi assustador. Suponho que foi por isso que disse: "Se for uma menina, quero ligar minhas trompas." Gabe respondeu: "Só se você estiver aberta à adoção." Foi um comentário inesperado, e é claro que eu disse que estava aberta a isso, se isso significava que eu poderia sair do carrossel que é dar à luz. O que significa "aberta", afinal? Três meses depois, após empurrões e gritos na sala de operações, Gabe exclamou: "É uma MENINA!" e eu respondi: "Façam a ligadura."

Dois anos depois, ouvi uma mensagem sobre como as crianças eram uma bênção, o que eu já sabia, mas a realidade sobre o que eu havia feito se manifestou com um novo tipo de convicção. Voltei ao meu obstetra para perguntar se eu podia desfazer aquilo que eu havia implorado para fazer dois anos antes. Ele, é claro, explicou em sua voz calma e firme que desamarrar minhas trompas seria uma quarta incisão no mesmo local das três primeiras. Se eu acabasse grávida, seria uma quinta cirurgia exatamente no mesmo lugar. Por motivos de responsabilidade e por minha segurança, ele não estava disposto a fazê-lo.

É aqui que eu paro para dizer que me arrependo de ter ligado minhas trompas aos 31 anos. Essa não é uma declaração prescritiva, apenas honesta. Pensando nas muitas mulheres que conheço que estão tentando de tudo para ter filhos, parece arrogante, como se eu brincasse de Deus com algo permanente, determinando quando deveríamos terminar de ter filhos simplesmente porque eu estava cansada. Mas ouça-me claramente: não estou questionando a sabedoria do planejamento familiar, mas, para mim, algo menos permanente seria mais sábio. Se eu tivesse me dado mais alguns anos, a uma pequena distância da sala de operações, isso teria me oferecido um ponto de vista melhor. Ainda assim, o lado positivo disso tudo foi o convite de Gabe para considerar uma adoção futura.

A conversa sobre adoção vinha à tona por cerca de 30 minutos a cada três anos após a consulta com meu médico e, apesar de muitos de nossos amigos estarem adotando, nunca sentimos que estava no momento certo. Estávamos três passos atrás da sanidade, mal conseguindo nos manter financeiramente. Obviamente, muito disso era culpa nossa. Estávamos no limite, sempre em movimento, e fazendo o possível para morar e trabalhar em um apartamento de dois quartos. Portanto, nossas conversas sobre adoção eram poucas e breves, mas ainda as tínhamos.

Quando nos mudamos para o Tennessee, nossos filhos tinham 10, 12 e 14 anos. Consideramos a adoção novamente. Dessa vez, sentindo um pouco mais de espaço em nossas vidas para pensar nessa possibilidade. Ainda assim, não estávamos prontos. Trazer um bebê para nossa família quando nossos filhos estavam prestes a se mudar para o ensino fundamental e médio parecia ambicioso. A sabedoria convencional dizia que nossas vidas estavam ocupadas demais com coisas boas, e que precisávamos nos concentrar em nossos filhos e nas coisas com as quais já estávamos comprometidos, sem acumular mais. Por isso, continuamos deixando esse assunto de lado.

Enquanto isso, Kennedy tinha os próprios sonhos. Ela imaginava que teria uma irmãzinha e não tinha vergonha de pedir uma. Contudo, ela não apenas pedia. Ela orava e orava por uma irmãzinha, desde que tinha cinco anos.

Uma noite, nossa família foi assistir ao *Quarto de Guerra*, um filme com um personagem que orava fielmente em seu armário — o quarto de guerra — por anos e viu suas orações respondidas. Mais tarde naquela noite, entrei no quarto de Kennedy e a encontrei colando uma série de orações escritas nas paredes de seu armário. Uma delas pedia a Deus para ajudar nossa família a adotar. Repetidamente, explicamos que as chances de que isso acontecesse eram mínimas, esperando que isso fizesse Kennedy desistir da ideia sem ficar magoada. No entanto, ela nunca desistiu. Na verdade, ela era tão persistente que Gabe se sentou com ela e sugeriu que sua paixão pela adoção era Deus preparando-a para adotar um filho um dia em sua vida adulta, porque não era provável que o fizéssemos. Semanas depois dessa conversa, vi aquela oração em particular rasgada, a metade ainda pendurada na parede por um pedaço de fita adesiva. Quando perguntei a Kennedy, ela olhou para o chão e disse: "Acho que isso nunca vai acontecer."

As orações de Kennedy devem ter funcionado com o tempo, porque um dia eu me rendi. *Se isso é algo que você quer que aconteça, eu orei, por favor, traga-a para mim. Por favor, coloque-a bem na minha frente e eu a chamarei de Joy*.

Três anos depois, em 3 de dezembro de 2018, minha querida amiga Meredith, em Pequim, na China, me enviou uma foto de uma adorável criança de cinco anos que sorria de orelha a orelha, uma criança com síndrome de Down. Meredith escreveu: "O arquivo dessa garota vai para os EUA amanhã." A mensagem foi totalmente inesperada. Eu pensei: *Por que ela está me mandando isso?* (Meredith tem um talento especial para persuasão.)

Respondi: "Ela é linda. Qual é o nome dela?" "Chara", respondeu.

Suspirei. "Você quer dizer a palavra grega para *alegria*?"

Quando recebi o texto de Meredith, eu queria correr. Alguns dias depois comemoraríamos 20 anos de casamento e visões de independência

---

* Joy significa *alegria* em português. [N. da T.]

dançavam em minha cabeça. Lembro-me de dizer a Gabe, cheia de medo: "Parece o dia em que obtive o diagnóstico de Cade. O dia em que tudo mudou para o nosso futuro e começamos uma vida diferente do que imaginávamos."

Gabe ouviu. Deixou-me dar minha opinião. Eu continuei.

"Mas não é tão assustador, porque nossa casa nunca ficará vazia", eu disse. Imaginei o vínculo que se formaria entre Cade e Joy, amigos por um bom tempo depois que os outros dois fossem para a faculdade e começassem uma vida independente.

Então eu entendi. "Talvez Deus nos tenha dado Cade porque ele sabia que, 17 anos depois, nos daria Joy e diríamos 'sim'." Gabe me segurou enquanto eu chorava lágrimas de rendição. Esse era realmente um convite para algo mais. Em vez de ficarmos com casa vazia em apenas cinco anos, voltaríamos para o jardim de infância.

PARCERIA NA CRIAÇÃO DE DEUS

Arriscar-se pode ser a coisa mais difícil que você pode fazer, mas é a única maneira de nos associarmos a Deus na criação de coisas boas e bonitas. Alguns riscos são menores, como andar de avião por todo o país — enquanto outros são maiores, como adotar um bebê de outro país. Desistir do controle da rotina, de nossas normas e de nossos confortos e ir em direção ao desconhecido é paralisante. Especialmente à medida que envelhecemos.

ARRISCAR-SE PODE SER A COISA MAIS DIFÍCIL QUE VOCÊ PODE FAZER, MAS É A ÚNICA MANEIRA DE NOS ASSOCIARMOS A DEUS NA CRIAÇÃO DE COISAS BOAS E BONITAS.

Pesquisas mostram que, à medida que envelhecemos, nossos níveis de dopamina diminuem, tornando-nos mais avessos a comportamentos arriscados.[1] Isso pode ser uma coisa boa, ajudando-nos a evitar atividades perigosas, que podem levar a lesões. Mas também pode significar permanecer escondidos enquanto a aventura nos aguarda. Assumir riscos pressupõe uma recompensa ou uma falha, e isso é apenas parte da dinâmica. Mas, quando paramos de nos permitir sonhar ou decidimos que queremos ficar confortáveis e ser conservadores, podemos estar perdendo uma maneira de fazer uma parceria com Deus. Ao nos juntarmos a ele na criação de uma vida de fé, aprenderemos a "não nos preocuparmos com o amanhã, pois o amanhã se preocupará consigo mesmo. Basta a cada dia seu próprio mal".[2] Aprenderemos a viver na paz e na alegria do propósito que Deus tem para nós.

O chamado e a missão de Deus nunca são possíveis sem Ele.

O CHAMADO E A MISSÃO DE DEUS NUNCA SÃO POSSÍVEIS SEM ELE.

Enquanto escrevo isto, estou na primeira semana de dezembro — exatamente um ano depois que Meredith enviou o texto que mudou minha vida, um texto que veio *duas semanas depois* que Deus me mostrou a palavra "abundância" para o próximo momento de minha vida — e agora estamos no final do processo de adoção. Estamos em Guangxi, China, e amanhã é o "Gotcha Day"*, o dia em que nossa filha Joy Lyons se juntará à nossa família para sempre. A agência de adoção a trará sem pompa, circunstância ou alarde. E, em minutos, a colocará

---

* O Gotcha Day é o termo que se refere ao dia do aniversário de adoção de uma criança. [N. da T.]

em meus braços. Temos 24 horas para decidir se queremos ficar com ela (sim, sem dúvidas) e depois voltar para assinar papéis, mergulhar nossos polegares em tinta vermelha e selar o momento.

O novo nome do meio de Joy nos documentos será Levi, o nome do meio de meu pai. Quando ele morreu, em abril, tive medo de prosseguir com a adoção de Joy, consumida pelo medo de arriscar tudo, dominada pela dor. Eu considerei a opção de fugir, mas estávamos bem encaminhados. Certa manhã, acordei cedo e ouvi um sussurro: *Encare a morte com vida.*

É típico do inimigo, depois de um longo período de fé, ameaçar a obediência com o medo. Mas esse risco termina em beleza, o ponto culminante da parceria com Deus para criar uma nova realidade para nossa família. Esse ano de orações e lágrimas rendidas levou nossa família a um foco único: preparar nosso lar e corações para a gloriosa intervenção de Deus.

E, embora eu deva ficar nervosa, ansiosa, talvez até com um pouco de pânico, não estou. Por quê? Porque esse Advento é o cume de uma espera sagrada que trará uma nova vida. Requer confiança constante e entrega a um plano além daqueles de que temos conhecimento. Amanhã entraremos na história que Deus preparou para Joy e não poderíamos estar mais agradecidos.

Existe algum risco que você está evitando, algo para o qual sabe que Deus o chama para fazer? Se não está indo em direção a ele, não está assumindo o risco, isso pode estar lhe causando ansiedade, estresse ou depressão. Determine o risco que precisa correr e vá em frente. Nele, você pode encontrar uma alegria inesperada.

↗ PARA REFLETIR ↖

1. LISTE AS MANEIRAS PELAS QUAIS VOCÊ PODE SE ARRISCAR EM PARCERIA COM DEUS. EXISTE UM RISCO QUE VOCÊ SABE QUE PRECISA ASSUMIR IMEDIATAMENTE?

2. DEUS JÁ LHE PEDIU PARA SE ARRISCAR E VOCÊ NÃO ESTAVA DISPOSTO A FAZÊ-LO? POR QUE ESTÁ FECHADO PARA ISSO?

3. PARA ASSUMIR UM RISCO SAGRADO, DEVEMOS CONFIAR QUE DEUS TEM UM PROPÓSITO ESPECÍFICO PARA NOSSAS VIDAS. O QUE ISSO SIGNIFICA PARA VOCÊ?

VOCÊ FOI FEITO PARA ISSO

CONCLUSÃO

CONCLUSÃO

VOCÊ FOI FEITO PARA ISSO

Quanto mais você ler, mais coisas saberá. Quanto mais você aprender, a mais lugares irá.

—DR. SEUSS

O que mais me aterrorizava ao adotar uma criança de cinco anos era a possibilidade de eu não dar conta. Eu me preocupava que todo o instinto natural entre mamãe e bebê tivesse ido pelo ralo anos atrás, e eu todos os dias estaria acabada na hora de dormir. Mas, agora que Joy está em casa, percebo que essas preocupações eram apenas minha ansiedade falando. Na verdade, estou chocada com o quanto amo ser mãe dela. Talvez porque eu tenha me preparado para o pior (os vídeos de adoção fazem um excelente trabalho para que isso aconteça) e, embora ainda soubéssemos que era a decisão certa, esse medo veio à tona por boa parte dos 12 primeiros meses.

O primeiro dia foi mais difícil do que eu pensava; o terceiro, mais mágico do que eu poderia imaginar. Cada momento com essa menininha curiosa me inspira a permanecer jovem, a reunir a mesma energia que eu tinha nos meus 20 anos. Ela acorda todas as manhãs com o sorriso mais feliz do mundo e adora o FaceTime, sua boneca, secadores de cabelo e corridas. Não consigo imaginar a mudança em seu pequeno coração, mas suas lágrimas silenciosas quando ela deixava o orfanato que ela chamava de "casa" foram trocadas por brincadeiras e risadas. (Ela é uma caixinha de risadas. Nunca na minha vida me senti tão engraçada.)

Dois meses após o Gotcha Day, as prioridades mudaram e abriram espaço para a bela intervenção de Joy em nossas vidas. Ainda tenho meus velhos instintos maternais — quando a levar ao penico, quando ler uma pilha de livros para ela, quando sentar e apenas cantar juntas "Skinnamarink" — e meu coração fica sempre cheio de luz.

Estou encantada com a maravilha da adoção. Como uma mãe biológica corajosa escolheu vida e esperança e deixou que outra pessoa criasse sua filha. Como podemos voar para o outro lado do mundo, onde uma garota está esperando por aqueles que serão sua família para sempre. Como podemos voar com ela por 30 horas e colocá-la nos braços abertos da irmã mais velha e dos irmãos em casa. Como uma comunidade inteira pode aparecer no aeroporto de Nashville à meia-noite com faixas e balões para recebê-la da forma mais feliz possível.

Menina Joy, estes são os que a amavam muito antes de a conhecerem. Quem orou, esperou e encorajou. As pessoas mais doces, prontas para aceitá-la de braços abertos.

Essa aventura foi mais do que eu poderia ter pedido. Quando Deus me deu a palavra **abundância** no começo do ano, foi exatamente isso que Ele quis dizer. Mas será que eu seria capaz de recebê-la se estivesse presa em um ciclo interminável de ansiedade e pânico? Eu teria imaginado uma mudança tão grande na minha vida? Ou eu teria visto isso como algo impossível?

Talvez você sinta um instinto em direção a algo (qualquer coisa) que pareça impossível. Talvez você se sinta chamado para fazer algo que está além do seu alcance, porque está cheio de ansiedade, preocupação ou pânico. Anime-se. Deus acena gentilmente, mas nunca lhe obriga a algo, e lhe oferece a graça de cair em ritmos que o encherão de confiança e coragem, confirmarão seu chamado e darão força para cumprir seus propósitos. Mas essa confiança, coragem e força não são o que o mundo ensina. Não há nada mais bonito do que encontrar força do outro lado do sim. Não é força para fazer, mas para ser. Estar no centro de Sua vontade.

Nossa sociedade é insaciável. É uma sociedade sem interrupções, sempre agitada, orientada pela produção e impositiva. Se não tomarmos cuidado, ela pode tirar o melhor de todos nós. As Escrituras nos dão uma direção clara: "Não se amoldem ao padrão deste mundo, mas transformem-se pela renovação da sua mente, para que sejam capazes de experimentar e comprovar a boa, agradável e perfeita vontade de Deus."[1] É a renovação de nossas mentes, então, que traz a transformação de nossas imaginações, que nos retira do ciclo inquieto do mundo. Quando vivemos nessa renovação, encontramos nosso estresse e ansiedade transformados em paz e propósito. Encontramo-nos vivendo no centro da vontade de Deus. Encontramo-nos com força e coragem para fazer o inimaginável.

OS RITMOS PARA VIVER

Ao longo dos anos, pude ver o quão importantes os quatro ritmos que exploramos neste livro são para minha saúde emocional, relacional, física e espiritual. Esses ritmos não apenas me protegem da ansiedade e do estresse do mundo, mas são exatamente o que me ajudou a despertar para a vida, comprometida com a visão que me permitiu ver o caminho em direção a Joy. É verdade que nem sempre sou a melhor no que prego, há muitas vezes em que deixo a desejar. Quando isso acontece, você pode ter certeza de que volto à minha antiga necessidade de querer ser suficiente e agradar a todos, e os velhos sentimentos de pânico voltam à tona. Quando essas primeiras dicas de um colapso aparecem, eu volto aos ritmos de renovação que Deus nos deu — Descanso, Restauração, Conexão e Criação — e encontro a profunda paz e propósito que ele me criou para experimentar.

Ao percorrer este livro comigo, você provavelmente identificou áreas em que precisa melhorar. Talvez você não consiga desacelerar, não consiga descansar. Talvez você não tenha tempo para se envolver em práticas de restauração ou não consiga se conectar com ninguém, ou até mesmo tenha perdido o desejo de criar qualquer coisa. Tudo bem. Nenhum de nós é perfeito. Observe os ritmos de renovação que exigirão mais esforço para você e planeje incorporá-los intencionalmente a seu cotidiano. Ao fazê-lo, ao combiná-los com os ritmos que vêm naturalmente, você experimentará uma sensação mais profunda de calma e paz na presença de Deus. Você começará a ver o propósito que nunca pensou ser possível.

Nada disso será fácil, mas faça deste o seu objetivo. Misture e combine os ritmos. Seja implacável em sua busca por eles, para que possa olhar o seu calendário toda semana e ver como descansou, sentiu-se restaurado, conectou-se e criou algo com Deus. Se praticar esses hábitos de forma consistente, sei que encontrará a mente renovada e a vida transformada que deseja.

VAMOS CULTIVAR A VIBRANTE VIDA QUE FOMOS FEITOS PARA VIVER.

Vamos fazer isso juntos, que tal?

Vamos viver esses ritmos abençoados de descanso, restauração, conexão e criação. Vamos silenciar o caos interior e abrir espaço para o florescimento. Vamos estabelecer hábitos diários que nos mantêm mental e fisicamente fortes.

Ao fazermos isso, cultivamos a vibrante vida que fomos feitos para viver. Cuidamos de nossa saúde emocional e inspiramos nossos entes queridos a fazer o mesmo. Encontramos alegria por meio de relacionamentos restaurados em nossas famílias e comunidades.

Se nos juntarmos, podemos fazer a diferença no mundo ao nosso redor. Podemos andar com confiança ao oferecer nossos dons únicos uns aos outros. Podemos nos tornar os portadores da paz que nosso mundo deseja ver.

AGRADECIMENTOS

Às famílias Lyons, DeWeese e Scarberry, seu amor e encorajamento durante toda a minha vida me fazem sonhar, escrever e acreditar na bondade de Deus. Obrigada, para todo o sempre, por serem o lar da minha fé.

Aos amigos de longa data que se tornaram família, você são minha base: Wendy White, Heather Larson, Shannon Mescher, Trina McNeilly, Christy Nockels, Lauren Tomlin, Amber Haines, Lori e Tori Benham e Ann Voskamp. Vocês caminharam ao meu lado por colinas e vales, e sou eternamente abençoada por sua presença constante.

Aos amigos incríveis que lutaram e acreditaram nesta mensagem: Elisabeth Hasselbeck, Bob Goff, Lysa TerKeurst, Sadie Robertson, Curt Thompson, Candace Cameron Bure, John Townsend, Alena Pitts, Banning Liebscher, Lisa Bevere e Jon Tyson.

Ao meu agente e amigo de longa data Chris Ferebee, por seu discernimento e sabedoria; a Dana Tanamachi, pelas belas obras de arte que adornam a capa; e a Aaron Campbell, por seu design meticuloso ao longo destas páginas, obrigado por emprestar sua criatividade a este livro. Para Carolyn McCready, Seth Haines, Liz Heaney e Harmony Harkema, vocês são a melhor equipe editorial que uma garota poderia sonhar! Vocês me aperfeiçoaram, aprimoraram e persistiram. Seus talentos me influenciam tremendamente!

A Brandon Henderson, Tom Dean, Robin Barnett, Curt Diepenhorst e o restante da equipe Zondervan, obrigada por torcerem e acreditarem nesta mensagem, sou profundamente grata. À Abby Coutant, Kellie Ritcher, Katy Boatman e Caleb Peavy pelo incrível apoio. É uma honra colaborar e criar com vocês!

Por último, agradeço à minha família. A Gabe, Cade, Pierce, Kennedy e Joy. Todos os dias, acordo e vejo vocês se apaixonarem por Deus e um pelo outro. Não existe um tesouro maior para o coração de uma esposa e mãe. Quando as luzes se apagam e o silêncio se instala, vocês sempre serão meu *lar*, aqueles que meu coração deseja. Deus concedeu vocês a mim como um presente para me mostrar mais dele. Eu os amo para sempre.

NOTAS

INTRODUÇÃO
1. Coríntios 10:13, paráfrase minha.
2. "What Is Stress", The American Institute of Stress, https://www.stress.org/daily-life.
3. "The Source of Your Stress", Forbes Magazine (site) https://www.forbes.com/sites/cywakeman/2013/06/20/the-source-of-your-stress/#4999f9c97626.
4. Borwin Bandelow e Sophie Michaelis, "Epidemiology of Anxiety Disorders in the 20th Century", Dialogues in Clinical Neuroscience 17 n°.3 (setembro, 2015): 327–335, https://www.ncbi.nlm.nih.gov/pmc/articles/PMC4610617/.
5. "Depression", National Alliance on Mental Illness. https://www.nami.org/Learn-More/Mental-Health-Conditions/Depression.
6. João 14:27.
7. Matthew Pryor, "The Most Frequent Command in the Bible", Crosswalk, 3 de maio de 2016, https://www.crosswalk.com/faith/bible-study/the-most-frequent-command-in-the-bible.html.

RITMO 1: DESCANSO
1. Gênesis 2:2,3.
2. Levítico 26:6.
3. Levítico 26:3,4.
4. Levítico 26:9.

CAPÍTULO 1
1. Parker J. Palmer, *Let Your Life Speak* (São Francisco, CA: Jossey-Bass, 2009), 1.
2. Romanos 14:12.
3. Salmos 139:16.

CAPÍTULO 2
1. Gálatas 1:10.

CAPÍTULO 3
1. Susan, Cain, *O Poder dos Quietos — Como os Tímidos e Introvertidos Podem Mudar um Mundo Que Não Para de Falar* (Nova York, NY: Crown Publishers, 2012), 11.

2. Travis Bradbury, "9 Signs that You're an Ambivert", Forbes (26 de abril de 2016) https://www.forbes.com/sites/travisbradberry/2016/04/26/9-signs-that-youre-an-ambivert/#4c2ff7493145.
3. Amy Morin, "7 Science-Backed Reasons You Should Spend More Time Alone", Forbes (5 de agosto de 2017) https://www.forbes.com/sites/amymorin/2017/08/05/7-science-backed-reasons-you-should-spend-more-time-alone/#4859cdf61b7e.
4. O autor Emerson Eggerichs declarou isso para mim e Gabe, quando estávamos no aconselhamento matrimonial. Ele disse que a maioria das pessoas pensa que a chave para um ótimo casamento é "boa comunicação", mas não é verdade. A chave para um ótimo casamento é a compreensão mútua.

CAPÍTULO 4
1. Tiago 5:15; Efésios 5:13.
2. Romanos 8:28.
3. Provérbios 4:23.

CAPÍTULO 5
1. "Consequences of Insufficient Sleep", Healthy Sleep, http://healthysleep.med.harvard.edu/healthy/matters/consequences.
2. Arianna Huffington, A Revolução do Sono: Transforme sua vida uma noite de cada vez. (Nova York, NY: Penguin Random House, 2016), 28.
3. Ibid., 40.

CAPÍTULO 6
1. Douglas Kaine McKelvey, *Every Moment Holy* (Nashville, TN: Rabbit Room Press, 2017), 135.
2. Filipenses 4:6,7.

CAPÍTULO 7
1. Isaías 58:13,14.
2. Gênesis 2:2,37.
3. Timothy Baron, "What Is Fallow Ground?" Hunker, https://www.hunker.com/13428082/what-is-fallow-ground.
4. Eugene Peterson foi entrevistado pelo meu marido, Gabe Lyons, em um evento sobre "Práticas", no Crosby Hotel em Nova York, durante o inverno de 2013. Ele passou uma hora descrevendo sua prática do Sabá para um público de 100 pessoas. E este foi um dos ritmos que enfatizou.

RITMO DOIS: RESTAURAÇÃO
1. "Restaurar", Dictionary.com, https://www.dictionary.com/browse/restore.

CAPÍTULO 8
1. Jennifer Wallace, "Why It's Good for Grown-ups to Go Play", Washington Post (20 de maio de 2017), https://www.washingtonpost.com/national/health-cience/why-its-good-for-grown-ups-to-go-play/2017/05/19/99810292-fd1f-11e6-8ebe-6e0dbe4f2bca_story.html?utm_term=.a92aaa19d812.
2. Cale D. Magnuson e Lynn Barnett, *The Playful Advantage: How Playfulness Enhances Coping with Stress* (Milton Park, Abingdon: Leisure Sciences, 2013) 35, 129–144.
3. Ibid.

CAPÍTULO 9
1. Eva Selhub, M.D.; "Nutritional Psychiatry: Your Brain on Food", Harvard Health Blog (16 de novembro de 2015). https://www.health.harvard.edu/blog/nutritional-psychiatry-your-brain-on-food-201511168626.
2. Ibid.
3. Adrienne O'Neil, Shae E. Quirk, Siobhan Housden, Sharon L. Brennan, Lana J. Williams, Julie A. Pasco, Michael Berk e Felice N. Jacka, "Relationship Between Diet and Mental Health in Children and Adolescents: A Systematic Review"(outubro de 2014) Am J Public Heal, https://www.ncbi.nlm.nih.gov/pmc/articles/PMC4167107/.

CAPÍTULO 10
1. Salmo 139:13,14.
2. David Kinnaman e Gabe Lyons, Good Faith: *Being a Christian When Society Thinks You're Irrelevant and Extreme* (Grand Rapids, MI: Baker Books, 2016), 34.

CAPÍTULO 11
1. "Seasonal Affective Disorder", National Institute of Mental Health, https://www.nimh.nih.gov/health/topics/seasonal-affective-disorder/index.shtml.
2. Nilofer Merchant, "Sitting Is the Smoking of Our Generation", *Harvard Business Review* (14 de janeiro de 2013) https://hbr.org/2013/01/sitting-is-the-smoking-of-our-generation.
3. Jessica Gross, "Walking Meetings? 5 Surprising Thinkers Who Swore by Them, TEDblog (29 de abril de 2013) https://blog.ted.com/walking-meetings-5-surprising-thinkers-who-swore-by-them/.

CAPÍTULO 12
1. Gregory Berns, *O iconoclasta: um neurocientista revela como pensar diferente e realizar o impossível* (Brighton, MA: Harvard Business Press, 2010), 81.
2. Ibid., 8.

CAPÍTULO 13

1. "Water and Green Spaces", *The Telegraph* (6 de maio de 2019) https://www.telegraph.co.uk/health-fitness/mind/water-green-spaces-calm-mind-bank-holiday/.
2. Aprenda mais sobre esta bibicleta em: Mobocruiser.com.
3. Ashish Sharma, M.D.; Vishal Madaan, M.D.; e Frederick D. Petty, M.D., Ph.D.; "Exercise for Mental Health", The Primary Care Companion to the Journal of Clinical Psychiatry 8 n° 2 (2006): 106, https://www.ncbi.nlm.nih.gov/pmc/articles/PMC1470658/.
4. A. Davis, C. Valsecchi, e M. Fergusson, *Unfit for Purpose: How Car Use Fuels Climate Change and Obesity* (Londres: IEEP, 2007) 12.
5. WHO. World Health Report; World Health Organisation: Genebra, 2004.
6. P. Ekkekakis, E.E. Hall, L.M. Van Landuyt & S. Petruzzello, "Walking In (Affective) Circles: Can Short Walks Enhance Affect?" Journal of Behavioral Medicine 23 n° 3 (junho de 2000): 245–275.
7. Jo Borton e Jules Pretty, "What Is the Best Dose of Nature and Green Exercise for Improving Mental Health? A Multi-Study Analysis", https://texanbynature.org/wp-content/uploads/2016/10/What-is-the-Best-Dose-of-Nature-and-Gre...-Mental-Health-A-Multi-Study-Analysis.pdf.

CAPÍTULO 14

1. Rochelle Perper, Ph.D., "The Psychological Benefits of Risk Taking", Therapy Changes (23 de junho de 2014) https://therapychanges.com/blog/2014/06/psychological-benefits-risk/.

CAPÍTULO 15

1. Veja mais em: https://www.amazon.com/Nicomachean-Ethics-Oxford-Worlds-Classics/dp/0199213615/ref=pd_sbs_14_t_0?_encoding=UTF8&psc=1&refRID=C4E9BCFS8GM5VJP33GTB.
2. Ibid.
3. Citado por Brad Stulberg em "The Incredible Power of Friendship", Medium.com (12 de janeiro de 2018) https://medium.com/personal-growth/the-incredible-power-of-friendship-b061833959c2.

CAPÍTULO 16

1. Brené Brown, *A Coragem de Ser Imperfeito* (Nova York, NY: Penguin Publishing Group, 2015).
2. Citado por Daniel Coyle em "How Showing Vulnerability Helps Build a Stronger Team", Ideas.Ted.Com (20 de fevereiro de 2018) https://ideas.ted.com/how-showing-vulnerability-helps-build-a-stronger-team/.
3. Ibid.

4. Em um retiro de que participei, onde o Dr. John Townsend estava palestrando, ele compartilhou esta anedota, que achei útil.

CAPÍTULO 17

1. D'vera Cohn 3 Rich Morin, "Who Moves? Who Stays Put? Where's Home?". *Pew Research Center*, http://www.pewsocialtrends.org/2008/12/17/who-moves-who-stays-put-wheres-home/ (17 de dezembro de 2008).
2. Linda Poon, "Why Won't You Be My Neighbor?". CityLab, https://www.citylab.com/equity/2015/08/why-wont-you-be-my-neighbor/401762/ (19 de agosto de 2015).

CAPÍTULO 18

1. "Tear Bottle History", Lachrymatory.com, http://www.lachrymatory.com/History.htm.
2. Lucas 7:48.
3. Asmir Gracanin, Lauren M. Bylsma, e Ad J. J. M. Vingerhoets, "Is Crying a Self-soothing Behavior?" Frontiers in Psychology, https://www.ncbi.nlm.nih.gov/pmc/articles/PMC4035568/ (28 de março de 2014).
4. Lizette Borreli, "Cry It Out: 6 Surprising Health Benefits of Shedding a Few Tears", Medical Daily, https://www.medicaldaily.com/cry-it-out-6-surprising-ealth-benefits-shedding-few-tears-333952 (19 de maio de 2015).
5. Gálatas 6:2.
6. Frank T. McAndrew, Ph.D., "The Perils of Social Isolation", Blog Psychology Today, https://www.psychologytoday.com/us/blog/out-the-ooze/201611/the-perils-social-isolation (12 de novembro de 2016).
7. Emily Sohn, "More and More Research Shows Friends Are Good for Your Health", *Washington Post*, https://www.washingtonpost.com/national/health-science/more-and-more-research-shows-friends-are-good-for-your-health/2016/05/26/f249e754-204d-11e6-9e7f-57890b612299_story.html?utm_term=.896b0e3d1600 (26 de maio de 2016).

CAPÍTULO 19

1. "The Benefits of Hugging", SiOWfa15: Science in Our World: Certainty and Controversy, https://sites.psu.edu/siowfa15/2015/09/18/the-benefits-of-hugging/.
2. Jennifer Miller, "20 Amazing Benefits of Hugging According to Science", GenerationNext.com, https://www.generationnext.com.au/2017/05/20-amazing-benefits-hugging-according-science/ (22 de maio de 2017).
3. Sabrina Barr, "Why Are Most Babies Conceived Around Christmas?" *The Independent*, https://www.independent.co.uk/life-style/health-and-families/babies-conceive-christmas-why-most-parents-couples-conception-a8103201.html (11 de dezembro de 2017).

4. Benedict Carey, "Evidence That Little Touches Do Mean So Much", *The New York Times*, https://www.nytimes.com/2010/02/23/health/23mind. html?scp=3&sq=touch&st=cse (22 de fevereiro de 2010).
5. Ibid.
6. Marcos 8:25.
7. Lucas 4:40.
8. Lucas 13:12,13.
9. Lucas 18:15,17.
10. Lucas 7:45.
11. Lucas 7:47.

CAPÍTULO 20

1. Primeiramente, a abordagem de Emerson é baseada em Efésios 5:33: "Portanto, cada um de vocês também ame a sua mulher como a si mesmo, e a mulher trate o marido com todo o respeito." Esta não era a teoria de Emerson, mas ele citou o resumo do maior tratado sobre casamento no Novo Testamento. Depois, claro, as esposas precisam de respeito e honra (1 Pedro 3: 7) e os maridos precisam de amor (Tito 2: 4), mas geralmente a necessidade sentida durante o conflito é que a esposa não se sinta amada e o marido desrespeitado. Emerson citou sua pesquisa com 7 mil pessoas casadas. Ele lhes perguntou: "Quando estão em conflito, você se sente amado ou desrespeitado naquele momento?" 83% dos maridos disseram que se sentiam desrespeitados e 72% das esposas não se sentiam amadas. No livro de Emerson, *Amor e Respeito*, ele explora detalhadamente como isso ocorre, e com certeza não significa que amamos e respeitamos o mau comportamento.
2. "Marriage Helps Cancer Survival", *The Telegraph*, 11 de abril de 2016, tpps:// www.telegraph.co.uk/news/2016/04/11/marriage-helps-cancer-survival/.
3. Jonathan Wells, "Marriage Makes You Stronger-and Eight Other Health Benefits of Tying the Knot", *The Telegraph*, https://www.telegraph.co.uk/ health-fitness/body/the-eight-surprising-health-benefits-of-getting-married/ (24 de janeiro de 2019).

CAPÍTULO 21

1. Efésios 4:26,27.
2. "Foothold", Cambridge Dictionary, https://dictionary.cambridge.org/us/dictionary/english/foothold.
3. João 10:10.
4. "Forgiveness: Your Health Depends On It", Johns Hopkins Medicine, https://www.hopkinsmedicine.org/health/healthy_aging/healthy_connections/forgiveness-your-health-depends-on-it.

RITMO 4: CRIAÇÃO
1. Gênesis 2:15.
2. Efésios 2:10.

CAPÍTULO 22
1. Viktor Frankl, *O Homem em Busca de um Sentido*, (Boston, MA: Beacon Press, 1959), 165.
2. Gálatas 5:14 Bíblia, A mensagem.
3. Frankl, 132.
4. Rakesh Kochhar, "How Americans Compare to the Global Middle Class", Pew Research Center, http://www.pewresearch.org/fact-tank/2015/07/09/how-americans-compare-with-the-global-middle-class/ (9 de julho de 2015).
5. Diana Divecha e Robin Stern, "American Teens Are Stressed and Bored. It's Time to Talk about Feelings", *Time*, http://time.com/3774596/american-teens-emotions/ (10 de abril de 2015).
6. Neil Postman, *Amusing Ourselves to Death: Public Discourse in the Age of Show Business* (Nova York, NY: Viking Press, 1985) Page xix.AGE?

CAPÍTULO 23
1. Efésios 4:11,12.

CAPÍTULO 24
1. Carrie Baron, M.D., "Creativity, Happiness, and Your Own Two Hands", *Psychology Today*, https://www.psychologytoday.com/us/blog/the-creativity-cure/201205/creativity-happiness-and-your-own-two-hands (3 de maio de 2012).
2. Neuroscientist Says Working with Your Hands Is Good for Your Brain", Neurocore Brain Performace Centers, https://www.neurocorecenters.com/blog/neuroscientist-says-working-with-your-hands-is-good-for-your-brain (3 de maio de 2018).

CAPÍTULO 25
1. Julia Cameron, "The Road Less Travelled: Artist Date Suggestion", JuliaCameronLive, https://juliacameronlive.com/2012/01/04/33437/ (4 de janeiro de 2012).
2. Sara Bernard, "Neuroplasticity: Learning Physically Challenges the Brain", Edutopia, https://www.edutopia.org/neuroscience-brain-based-learning-neuroplasticity (1º de dezembro de 2010).
3. Jason Flom, "Talking Points: Your Brain on Learning", Cornerstone Learning Community, http://cornerstonelc.com/talking-points-your-brain-on-learning/ (23 de abril de 2012).

CAPÍTULO 26

1. Dan Hunter, "Imagination Precedes Creativity", Hunter-IQ.com, https://hunter-iq.com/imagination-precedes-creativity/ (6 de julho de 2017).
2. Reva Seth, "The Scientific Reasons Why Your To-Do List Is Bad for You", FastCompany.com, https://www.fastcompany.com/3054543/the-scientific-reasons-why-your-to-do-list-is-bad-for-you (14 de dezembro de 2015).
3. Aly Juma, "Da Vinci's To Do List: Inside the Mind of a Genius", Alyjuma.com, https://alyjuma.com/da-vincis-to-do/.

CAPÍTULO 27

1. Amy Ellis Nutt, "Why Kids and Teens May Face Far More Anxiety these Days", *Washington Post*, https://www.washingtonpost.com/news/to-your-health/wp/2018/05/10/why-kids-and-teens-may-face-far-more-anxiety-these-days/?utm_term=.8a570adb2b2f (10 de maio de 2018).
2. Ibid.
3. "Any Anxiety Disorder", National Institute of Mental Health, https://www.nimh.nih.gov/health/statistics/any-anxiety-disorder.shtml (atualizado em novembro de 2017).
4. Kim Painter, "Teens aren't grasping 'the responsibilities of adulthood,' new study says", *USA Today*, https://www.usatoday.com/story/news/2017/09/19/teens-grow-up-slower-study/105758486/ (19 de setembro de 2017).

CAPÍTULO 28

1. "Declining Dopamine May Explain Why Older People Take Less Risks", *Neuroscience News*, https://neurosciencenews.com/aging-risk-dopamine-4359/ (2 de junho de 2016).
2. Mateus 6:34.

CONCLUSÃO

1. Romanos 12:2.